応神・海神《わたつみ》族による倭国の統一

八木喬

22世紀アート

まえがき

日本の歴史に、「空白の四世紀」と言われる時代がある。三世紀には邪馬台国に女王卑弥呼が居て、ある種の統一国家を形成しており、五世紀には『倭の五王』と呼ばれる王たちが中国に朝貢していた。しかし、間に挟まれた四世紀の約百年間には、語るべき事柄が無かった…ということらしい。

史書によれば三世紀、五世紀に日本人が大きく活躍したと言うより、たまたま朝貢した記録が中国側に残っていただけで、四世紀が前後の時代に比べて特に不活発な時代だった訳でも無さそうだ。近年大々的に行われるようになった遺跡発掘によると、日本が神話の時代から歴史時代へと歩を進め、天皇制の萌芽が確実に現われた重要な時代と言えよう。

明治以来の日本では、記紀のアマテラス・神武天皇以下の神話に基づいた「縦一系の天皇が支配する神国日本」という皇国史観に縛られていた。その重しがとれた昭和二十年代初め、歴史学者の中から『騎馬民族王朝説』が提唱され、その画期的なスケールの大きさと斬新さとによって、広い分野で多くの関心を集めた。

参照：「騎馬民族国家」日本古代史へのアプローチ　江上波夫　中公新書　昭和四二年

しかし主に考古学者から「大陸から騎馬民族が大挙して襲来し、激しい戦いのすえ在来民族を征服してヤマト王朝を建てた」。そのことを裏付ける出土物は見当たらないと反論され、その説は世の中から無視された形になっている。その後、人びとの関心は卑弥呼の邪馬台国はどこにあったか、九州かヤマトか、などの謎解きに集中し、それさえ分かれば古代史のその後の展開、つまりどのようにして国土統一を実現し、天皇制が成立して行ったたか、簡単に分かると考えられてきた。以来半世紀以上に渡って、多くの歴史学者が各々の立場から邪馬台国の仮説を提案しているが、多くの人々を納得させる定説に至っていない。

筆者は江上説において考古学上成り立たないとされる欠点を、大陸の草原に群棲する『騎馬民族』の代わりに朝鮮海峡を船で行き来する倭集団（海神族《わたつみ》）に置き換えて、彼らによって倭国の統一や天皇制の成立が実現されたと考えた。即ち「空白の」四世紀、まだ国としての意識が薄かった頃、朝鮮半島南東端・任那に住み、現在の九州・西日本各地との間を頻繁に船で往来し、状況に応じては列島奥地にも移り住んでいた人達がいた。当時中国や半島北部の人々は彼らを蔑み半分に、その住んでいる地域を含めて漠然と『倭』と呼んでいた、という。

騎馬民族が圧倒的な武力で列島の倭を征服したのではなく、多様な出自を持つ朝鮮半島在住の倭の中から、ホムダワケ・後に応神天皇と言われる人物を擁する一団が列島に渡り、長い海岸線を持つ列島各地と交易を拡げて行った。そして難波・河内に拠点を置くため、先行定住者を介して洪水対策による農地造成や先進的な製鉄技術を指導・普及させ、祖地である任那に兵や兵糧米を送るなどで、相互の絆を強くしながら『統一ヤマト王朝』を作って行ったと考えた。

昭和三十年以降、列島各地で行われた大規模の古代遺跡の発掘や、高度で多様な測定機器や年代判定手法などを基に各分野で実証的な作業の積み上げがなされてきた。今それらを総合して新しい日本の歴史を考える時代が来た気がする。各分野で個々に正確な事実を積み上げると共に、同時代の朝鮮半島の動きとの関係を含めて、幾つかの出来事の間を多少空想の羽を拡げてつないで行くと、これ迄と違う歴史の流れが見えて来るのではないか。

そう考えて始めた筆者の挑戦が、読者から面白いと思って頂ければ幸いである。

なお、古代倭の人々は名前を神聖なものと考え、他人が安易に自分の名前を言わないよう名前を教えず、人々は当人の幼名とか、所属する種族における地位、住む家の場所などを指す通称（あだ名）で呼んでいた。ホムダワケの場合、最初から応神天皇で通した方が分かり易いが、最初から天皇とか大王などの名称を使うと、その地位になるべき人がやがて順当にその地位に就いた、予定調和的な話になってしまう。

そこで本書では、筆者が適当と考えた時期から天皇号（応神天皇など）の称号を使うようにした。そんな筆者のこだわりが、読者に余分な混乱を与えたとすれば申し訳ない。

ホムダワケ：応神天皇、
オホサザキ：仁徳天皇
イザホワケ：履中天皇、
ワカタケル：雄略天皇、
シラガ王　：清寧天皇、
オホド王　：継体天皇、など

目次

第一部　百済で成長する若き人質ホムダワケ

一章　任那《みまな》から未知の世界へ旅立つ

「その話は、この前も聞いた！」。

なおも話を続けようとするタケジイの口を塞ぐように言い捨てると、ホムダワケ（後の応神天皇）は外へ逃げ出した。周りの人々には非常に偉い軍人《いくさびと》と畏敬されている武内宿祢《たけのうちすくね》も、ホムダワケには幼い頃から自分のすることにいちいち口を出し手許に引き止めて説教する、ただの長い白ひげのタケジイに過ぎない。少しもの心がつく年頃になると隙を見ては逃げ出すようになっていた。

任那（古代朝鮮半島南端にあった小国）の人々には、武内宿祢がある日突然赤子を背負う子守り女の手を引いて、海の向こうから戻って来た時の印象が強く、未だにその赤子はタケ爺さんの実の孫では…と思っている人も多かった。

その赤子はナカツヒコ王の第二王子ホムダワケとして成長したが、彼は何かと口うるさく居心地の悪い城内で兄のミマナヒコや姉妹らと一緒に過ごすより、城下の倭人たちが住む街で遊ぶのを好んだ。

そこにはタケ爺さんの末息子で少し年上の葛城ソチヒコや、キビツヒコなどの遊び仲間が居て、一日中近くの野山を駆けて遊びまわった。ホムダワケは幼い頃から体が大きく頑丈で、年上の子との喧嘩でも簡単には弱音を吐かなかったので、彼らも喜んで仲間に入れてくれた。彼らは時々任那から居なくなったが、その時は海を越えて故郷の倭の国へ行っていた。しばらくして帰って来た時、彼らから故郷で見、聞きしたことを聞くのが面白く、また土産だよ…と言ってくれる物が珍しく、未知の倭の事をあれこれ空想して楽しんだ。

十歳の祝いを過ぎて少し大人の世界へ仲間入りすると、馬場に行き馬に乗ることに熱中した。その頃任那では北の高句麗との戦に備えて新たに馬場を設け、数頭の馬を導入して人馬の訓練が始まっていた。

自分の背丈より高く不安定な馬の上から地上を見る恐怖心が無くなると、鞍にまたがり手綱で馬を操縦して馬を歩かせて止める、続いて野原を駆けさせる。それら一つ一つの操作が挑戦だった。先を行く葛城ソチヒコやキビツヒコに手ほどきを受け、時には厳しく叱られながら半年ほど経つと自由に馬に乗れるようになった。

しかし既に実世界で華々しく活躍している二人や大人たちの話を耳にするたびに、まだ何もできない自分が歯がゆく、早く自分も大人になりたいと焦りを感じる日々だった。ある日突然、父の任那王ナカツヒコに呼ばれると「今度百済《くだら》の都・漢城へ行く。お前も一緒に行くことになったので、その積りでいてくれ」と言われた。何をしに、どれ位の期間、どんな準備を…、具体的なことは何も言われなかったが、ホムダワケには急な話に驚くより、百済の都はどんな所か、きっと何か面白いこと退屈な毎日を破る何かが起こる、そんな夢が膨らんで行った。

久し振りにタケジイの所へ行き、大威張りで「もうすぐ父と一緒に百済の漢城へ行く」と言った。

「そういう事らしいな、ワシも詳しくは聞いてないが、先日王から息子を百済に連れて行くことになった。お前から任那と百済との関係や、最近の朝鮮半島の新羅、高句麗などの動きを、少し教えてやってくれと頼まれていた」。そう言うと何時もの甘いタケジイから、任那の重鎮で現役の軍人である厳しい顔の武内宿祢に変わった。

「今俺が知っていること、すべてをお前に話しておこう。まず何故わしらの先祖が倭と呼ばれる島から海を渡って朝鮮へ来て、任那という国を作ったか。次に現在この任那を取り巻く朝鮮半島の情勢についてだ。

今度お前が百済へ行って一人になったら、全て自分で考えてしなければならない。その時お前が倭の人間として、判断するのに少しでも役立てば……ということだ」。

武内宿祢となったタケジイは、これ迄ホムダワケが全く知らなかった大人の世界のことを話してくれた。初めて聞く言葉や入り組んだ難しい話が多かったが、それだけ自分が大人扱いされている気がして、長い話にも緊張して最後まで熱心に聞いていた。

「今からずい分前、任那からずっと北に『高句麗《こうくり》』と言う国が生れ、やがて隣の大国・中国で漢王朝の力が弱くなったのを見て、朝鮮半島へ南下を始めた。

今から二十年ほど前（三一三年）、古くから中国が領土としていた『楽浪郡《らくろう》』を奪い、そこ（現平壌）

に城を築いた。更に南を攻める構えを見せて強力に迫る高句麗に対抗して、古くから三つの地域馬韓《ばかん》、弁韓《べんかん》、辰韓《しんかん》に分かれていた朝鮮半島南部は、次のように再編成された。

①西南の馬韓地区では、高句麗から別れた一集団が楽浪郡の南の中国の植民地『帯方郡《たいほう》』を奪い、『百済』を設立して、『漢城《かんじょう》』（現ソウル近辺）を築き都とした。

②南東部にあった辰韓十二国は、斯蘆《しろ》国を基盤に周辺の小国を併せて発展し、国家の形態を整えて『新羅』と称した。辰韓は古くから船で大海を渡り、倭列島の海岸沿いの国々と交流があり、中でも出雲国を交易拠点として、多くの倭諸国に銅器や鉄器など大陸文化を伝える重要な窓口だった。

③弁韓は半島南端の三方を山に囲まれ北から流れる洛東江《らくとうこう》に沿う地域に、部族を中心に多少統合して約十ヶ国のゆるい連合体『加羅《から》（伽耶《かや》とも）』を形成した。

加羅の南端、『狗邪韓国《くやかんこく》』は洛東江の河口にあり、その先の海に浮かぶ島を伝って古くから倭国の北九州地区と行き来し、朝鮮半島諸国と倭との交易の拠点であった。

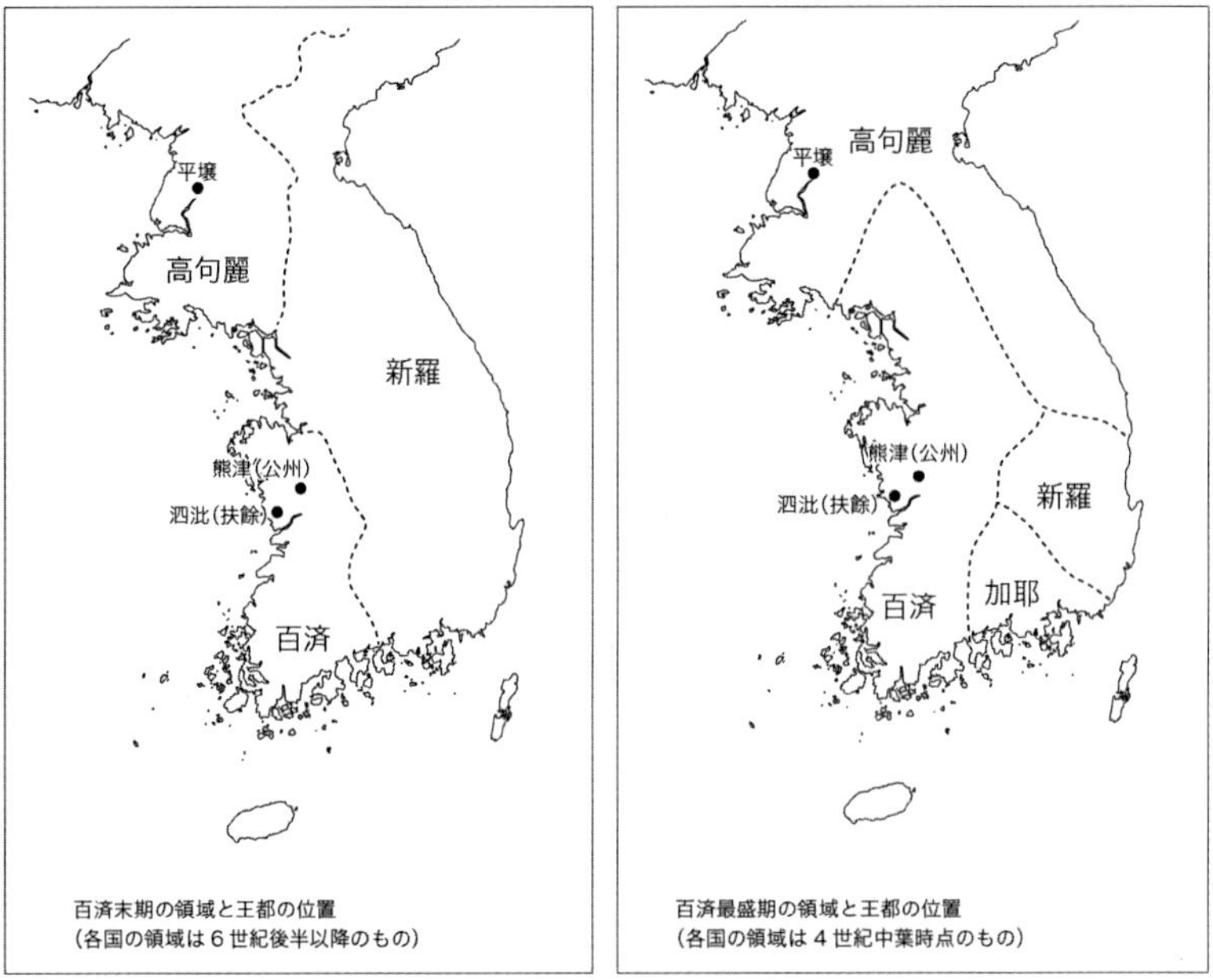

百済末期の領域と王都の位置
（各国の領域は６世紀後半以降のもの）

百済最盛期の領域と王都の位置
（各国の領域は４世紀中葉時点のもの）

図 1-1　古代（4 世紀と 6 世紀）の朝鮮諸国

参考文献

李成市『東アジア文化圏の形成』世界史リブレット 7
山川出版社、2000 年

加羅にはその他に稲作などの農業を営む土着民中心の国、隣国の百済や新羅の国造りに外れた一族の国、中国大陸から流れ着いた集団が製鉄や各種鉄器を作り、また桑を植え絹織物を作る国などがあった。馬韓が百済、辰韓が新羅へ統一されると互いの競争意識は一段と激しくなり、国境付近では頻繁に争いが起こり、隣接する加羅の諸国も争いに巻き込まれるようになった。

「そこで我々の任那の国はどのように生れ、歩んできたか。

当時海の向こう倭国の北九州諸国に、南九州を本拠とする『狗弥《くや》国』が総力で攻めて来た。古来北九州の諸国は『邪馬台国』を中心にまとまっていたが、盟主の『卑弥呼』が亡くなると、各国は個別に狗弥国に対抗する事になり、次々に敗れて行った。

那国のオオタラシヒコ王はその地で最後まで戦うより、族長別に逃亡し着いた地で各々独自に暮らすよう指示した。最後まで王に従う者は海峡を渡り朝鮮の加羅にある狗邪韓国を目指し、残る者は各族長に従い夫々の船で倭の東に向かって行った。王が率いる一族は苦難の末海峡を渡ったが、目指す狗邪韓国には敵の狗弥国も後を追うように攻めて来た。

王は周辺の加羅諸国の反新羅勢力を結集して辛うじて対抗し、戦いが一段落すると洛東江の対岸地域（現在の昌原・鎮海辺り）に新たに船着き場を作り、散らばっていた人々を集めて荒れ地を干拓・整地した。そこはやがて、美真那《みまな》＝『任那《みまな》』と呼ばれる国へ発展した。

狗弥国は北九州の倭諸国を攻め、古くからの朝鮮海峡を渡る航路を握り、朝鮮の新羅と組んで加羅地区の『狗邪韓国』を攻め、そこを『金官国』と改名した。しかし倭国と半島間の交易を独占する目的は実現出来なかった。加羅の国々には任那を通して倭との交易を望む国も多く、金官国が河口で頑張っても、海から入る任那との交易船を完全には締め出せなかった。

こうして狗弥国・金官国には古来新羅寄りだった出雲と日本海沿岸の倭諸国が付き、新しく出来た任那には吉備《きび》（今の岡山市付近）や葛城《かつらぎ》（奈良盆地南西部）など、近年国力の増強に熱心な倭の国が付いた。彼らには出雲を通すと欲しいだけの鉄素材が得られないし、武器や農具に適した鉄材や加工に関する新知識も得られない不満があった。

ワシは葛城との話を進めるため葛城へ何度も足を運ぶ間に、そこの頭に見込まれその娘と一緒になり子供も生まれた。それがお前の遊び仲間の葛城ソチヒコで、今はワシに代わって任那と葛城との間を行き来している。

その他北九州地区では狗弥国と戦う前に、近くの海岸で船輸送をしていた宗像《むなかた》族、安曇《あずみ》族らの船で日本列島の東方を目指して落ちのびた人々が多くいた。彼らはやがて思い思いの地を選んで住み着き、最近はその地を拠点として半島との交易を求めて任那に通うようになっている。

やがて任那の体制が落ち着くと、オオタラシヒコ王は父祖の地・倭の那国を取り戻すため、ナカツヒコ王子を九州島へ送った。王子はワシらを率いて倭へ渡ったが、慣れない土地での戦いで兵の補充が難しく苦戦を重ねた。その頃皇子と親しくなった現地豪族の娘・オキナガヒメも加わって、勇ましく戦ったが、戦局は次第に厳しくなった。そんな時、戦場にいる王子に任那から、オオタラシヒコ王が亡くなったという報が入った。今後の方向を打ち合わせる集会が開かれた。身重のオキナガヒメはこの地で戦い続けると主張し、皇子はやむを得ず彼女らを残して任那へ戻り即位して王になった。ワシらはオキナガヒメを支えて引き続き戦ったが、やがてヒメは生まれたばかりの幼子を残して亡くなった。我々は戦を中止し、ワシは幼子を背負って任那に戻ることにした。

実は、オオタラシヒコ王がナカツヒコ王子に命じたのは、北九州の港へ上陸して敵の偵察をして帰るだけだった。その地の戦いは予想以上にうまく行ったので、王子は周りが止めるのを振り切り、もう少しもう少しと兵を進めてしまった。王子の監視役を命じられながら果たせなかったワシは、任那へ戻るとすぐ亡き先王の墓前に額づいてお詫びした。

こうして即位したナカツヒコ王は、若き日に海を渡って戦い大きな犠牲を払った失敗を反省し、最近は任那が直接倭へ行って戦うより、朝鮮半島の任那と倭の諸国との交易を盛んにして、長期にわたる協力の末に目的を実現しようと努めて居られる。つまり、吉備や葛城など倭の新興国は自国を発展させるのに必要な、鉄艇と引き換えにまとまった人数の若者を任那に送り込む。彼らは任那兵と日常生活を共にし最新の鉄製の武器を使って訓練を続け、いざ鉄艇の供給を巡る争いが起きれば一緒に出兵するのだ。

四～五年の任期で本国から任那に送り込まれた倭の若者たちは、滞在期間が終われば本国へ帰るが、その時親しくなった任那の人々を誘い一緒に帰る者も居り、こうして半島の進んだ文化は倭へ移植された。

ところで今回のお前の百済行きの件だが…、

加羅の鉄鉱山が生産する過半数の鉄は金官国が入手するので、残る山では任那側が欲しがる鉄量を満たせない状況になった。最近ナカツヒコ王は百済の各所で鉄鉱山が見つかったと聞き直接百済の尚古王を訪ねて、少しでも多くの鉄を任那へ回して欲しいと申し込んだ。

尚古王はその要望に応じる前に、北の高句麗が南へ侵入して来るので、両国協力して対抗しようと提案してきた。高句麗は百済を攻める前に、新羅を誘って脇から百済を挟み撃ちする積りだ、その時は任那が脇から新羅と戦って、百済へ侵入しないようにしてくれ、という事らしい。しかしなぜ百済は一緒に高句麗と戦う国として、加羅の中でもそれ程大きくない任那を選んだのか？

二十年ほど前、オオタラシヒコ王が北九州から朝鮮半島に逃亡して来たとき、加羅の半分を味方につけて新羅・狗弥国連合と互角に戦った事を評価したのかも知れない。それとも頭の良い尚古王だから、何か他に深い読みがあるのかも。今度ナカツヒコ王がお前を連れて百済へ行くのは、その事に関わっているだろうが、本当の所は判らない。とに角お前のまえにはワシが説明した複雑な世界が広がっている。今後朝鮮半島の状勢がどう変って行くか、その事が任那や海の向こうの北九州や列島全体の倭に、どう影響するか誰にも分からない。どんな運命が待っていようと負けずに頑張って欲しい」。

翌朝、城外にある休憩所では、よちよち歩きのオホサザキ（後の仁徳天皇）を連れた兄の皇太子と兄嫁、弟妹など多くの見送り人の姿があり、別れの挨拶と励ましの歓声を受けて一行は出発した。

一日中歩いて日の暮れる頃、任那の端にある駐在兵が守る洛東江《らくとうこう》上流の河港に着いた。この河は韓国南部を東西に走る太白山脈に端を発し、大邱・釜山を貫流して朝鮮海峡にそそぐ全長五二五㎞の韓国一の大河である。

翌日は任那から離れて小船に乗り、異国である川上へ向けて出発した。川幅が広く流れがゆっくりの間は船人たちが交互に漕ぎ進め、やがて周りが葦原からまばらな林になると迷路のような流れの中を、棹を左右の土手に押しながら進んで行った。さらに上流になると急な流れと静かな淵が次々に現われて、少しも気が抜けない。船人たちは船から降りて、岸の土手の上から船首に懸けた縄を引っ張って船を上流へ進める、その手ぎわは見事なものでホムダワケは感心して見ていた。この辺は敵国新羅に近いから注意しろと言われて、急いで舟の底に臥す時もあった。さらに川幅が狭くなり、もう船では先に進めない辺り（現在の慶尚北道栄州市辺か）で船を降りた。出発から十日ほど経っていた。

そこからは徒歩である。日頃近寄り難いと思っていた父とも気軽に話をした。今度の旅は間近に予想される高句麗との戦いに備えて、朝鮮半島南部の隣接する新羅との間を実際に歩き、敵味方の準備状況を視る目的を兼ねているという。

一行は小白山のすそ野を上り下りしながら四日ほど歩いて北上した。大人の高さほどの低木や草むらで見通し難いが、ときどき通る人も居るのか延々と細い道が続いていた。

最後の少し高い山脈を越えると百済の領域へ入り、やがて漢江《かんこう》上流の港町に着いた。漢江は韓国中央部を東から西へ流れ、三つの支流を合わせソウル、仁川を通り黄海に注ぐ全長四九四㎞の大河で、そこは百済側が手配した船に乗った。しばらく船は急流を流れ下り、船を操る船頭の声もせわしなく響いていたが、やがて両側に迫っていた山々は遠ざかり、両岸には遠方のなだらかな山脈から下る草原がずっと続いていた。川幅は次第に広がり、船は大河の中をゆったり下った。三日目の夕刻「漢城が見える！」と、船頭の声が響いた。はるか遠方の夕陽の中にかすかな影が見え、しだいに高い塔や建物がハッキリと並ぶ漢城の街の輪郭が現われてきた。長旅に疲れた一行は、揺れる船から降りると陸の感触を確かめて喜びの声を上げた。任那を出て十五日余、その夜は漢城の賑やかな街中の宿に荷を降ろし、久しぶりに体を伸ばしてゆっくり眠ることが出来た。

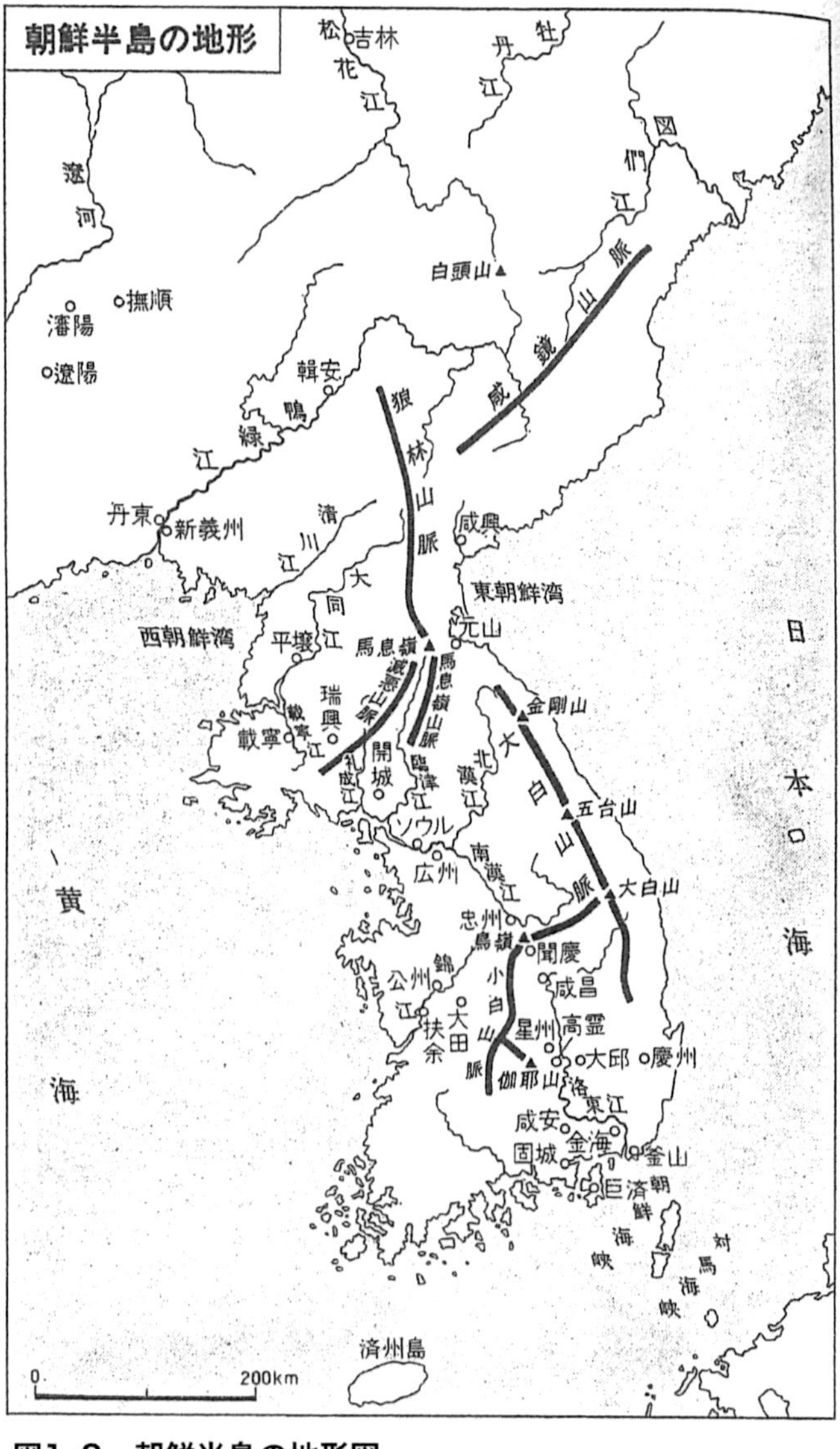

図1-2　朝鮮半島の地形図

（出典）中央公論新書『倭国』岡田英弘

百済の漢城に着いたホムダワケらの一行は、翌朝宿舎を出て漢城の中心にある夢村土城《むそんどじょう》へ向かった。幅広い通りがまっすぐに伸び、その先にひときわ高くいかめしい正門が、左右に長く伸びる厚い土塁を従えるように建っていた。その城は漢江南岸にある三国時代百済前期の都城遺跡の一つで周囲約二・三㎞。今でも土塁で囲まれ一部に柵列が存在する。正門を入り来意を告げると、衛兵はすぐ丁寧な物腰に変わり、先に立って案内してくれた。

目の前の巨大な建物の脇を通ると、建設途中の建物の周りに多くの作業者が働く活気に溢れた光景が広がっていた。周囲を土溝と木柵で囲んだ程度の任那王ナカツヒコの館とは段違いの大きさで、ホムダワケはただ驚くばかりだった。間もなく立派な建物に入り調度も美しい控えの間に案内すると、衛兵は中で待つように言って戻って行った。間もなくナカツヒコ王は呼ばれて出て行き、ホムダワケは広い部屋の中で一人になった。しばらくは緊張して座っていたが、やがてウトウトしていたようだ。戻って来た父に『さあ、終わった。帰るぞ！』と声をかけられて、ビックリして目が覚めた。父は何か肩の荷を下ろしてホッとした様子で一緒に宿舎に戻った。

父は宿舎に落ち着くと早速ホムダワケを側に呼び、これまで口にしなかったこの旅の目的を説明した。

「いまこの朝鮮半島がどういう状況かは、武内宿祢が説明してくれたのでおよそは分かっているだろう。差し迫った高句麗の侵入に備えて私と百済王は、両国で協力して対抗することに同意し直ちに準備に入ることになった。

百済王の狙いは百済が北方の強敵・高句麗と戦う時、任那が支援すること。任那の当面の目的は交易品として百済からなるべく多くの鉄鋌や鉄製品を手に入れることだ。

そこで百済は目前に迫った高句麗戦を共に戦うため、任那兵を最新の武器で装備するに必要な一定量の鉄鋌を直ちに任那へ引き渡すと約束し、任那は必ず百済を支援する担保としてお前を百済に預けることにした。

ところが百済王の臣下から『そんな小さな国と協定を結んでも益はない』と反対する者が出て、結局『担保として来る人間を見てから最終決定する』とされた。反対の臣下たちは密かに、今日われわれが門を入ってからずっとお前が担保に値するか見て、一応よかろうと判断したので、協定を進めることになった。私はしばらく部屋を出て事務方と条件等の打ち合わせをしてきた。

お前は拘束の多い百済の人質ではなく、『賓《ひん》』つまり多少行動は制限されるが、衣食住などは概ね百済の王子に準じた待遇を受ける事になる。私は尚古王を信頼して了承した。

併せて息子がここに居る間に、いま百済が取り組んでいる、中国の政治・文化を一緒に学ばせて欲しいと頼んだ。お前には何も言わずに進めて悪かったが、機密で緊急の事情を汲んで我慢してくれ」。

知らない間に自分の運命を決められて不満だったが、父の深刻な顔を見ると、我慢するしかないと思った。

ナカツワケ王は息子が納得した様子にホッとして、自分の首の首飾りを外して息子の首にかけながら、

「この首飾りはその由来を知らないが、祖先から引き継いだ大切なものだ。身につけた人を守るというので、見ず知らずの百済人の中で暮らすお前はこれを首にかけて、元気で生きて行ってくれ」。

数日後ナカツヒコ王ら一行は百済の同盟の証し初回分として貴重な鉄鋌《てってい》を受け取り、ホムダワケ一人を残して任那に戻って行った。

鉄艇は五世紀中葉以降の古墳から出土する短冊形の中間鉄素材（例：長さ30、幅4、厚さ1.5㎝、重さ1.3㎏）。五～十枚単位で交易荷とする。

二章　高興《こふん》博士による『魏志倭人伝』の講義

ホムダワケは百済宮廷内の指定された宿舎で生活することになった。数日後尚古王の使者と云う男が現われ、高興という偉い博士に会うため、宮廷内の役所に連れて行った。

注：新羅の歴史書「三国史記」三七五年の項、百済は開国以来文字の記録は無かったが、博士高興が初めて記録を始めた、とある。

女の召使が玄関から応接間へ案内して引き下がると、ゆるい衣服を着た絵で見る中国の賢人のような老人が現われ、「尚古王から『進んだ中国の文化を任那の客人に紹介して身に付けさせよ』と命じられた、博士の高興です」と名告った。

その名から博士は漢人系のようだが、朝鮮・百済の生活が長いらしく百済の言葉で話すし、ホムダワケも百済言葉なら時々聞き返す程度で博士の言う事は分かった。

ホンダワケは立ったまま博士の話を聞いていたが、先日父から貰った首輪が気になり知らぬ間に何度も手をやった。博士が突然「一寸それを私に…」と言ったので、ホムダワケは行儀の悪い所を見つかった！、と慌てて首から外して渡した。博士は首輪の中央にあるサイコロ状の飾りをジッと見ていたが、その先端部を卓上の朱肉皿に付けてから、卓上の白紙に押し当てた。すると紙上に鮮やかな朱色の四角模様が残っていた。

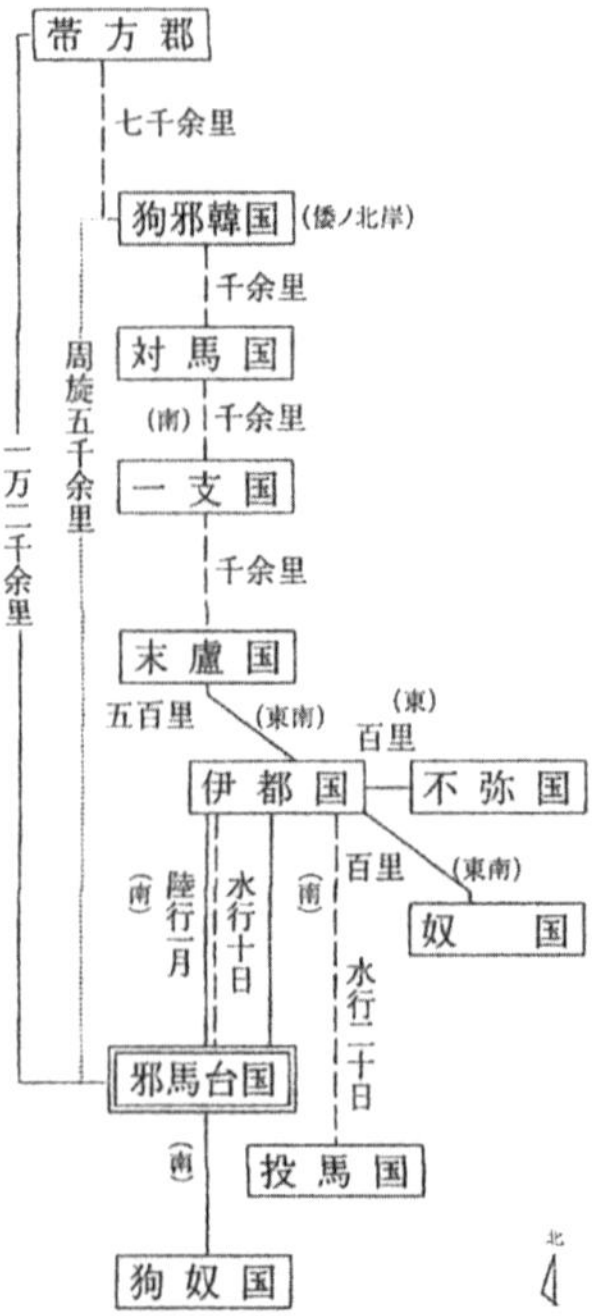

(a) 朝鮮（帯方郡）から邪馬台国への行程

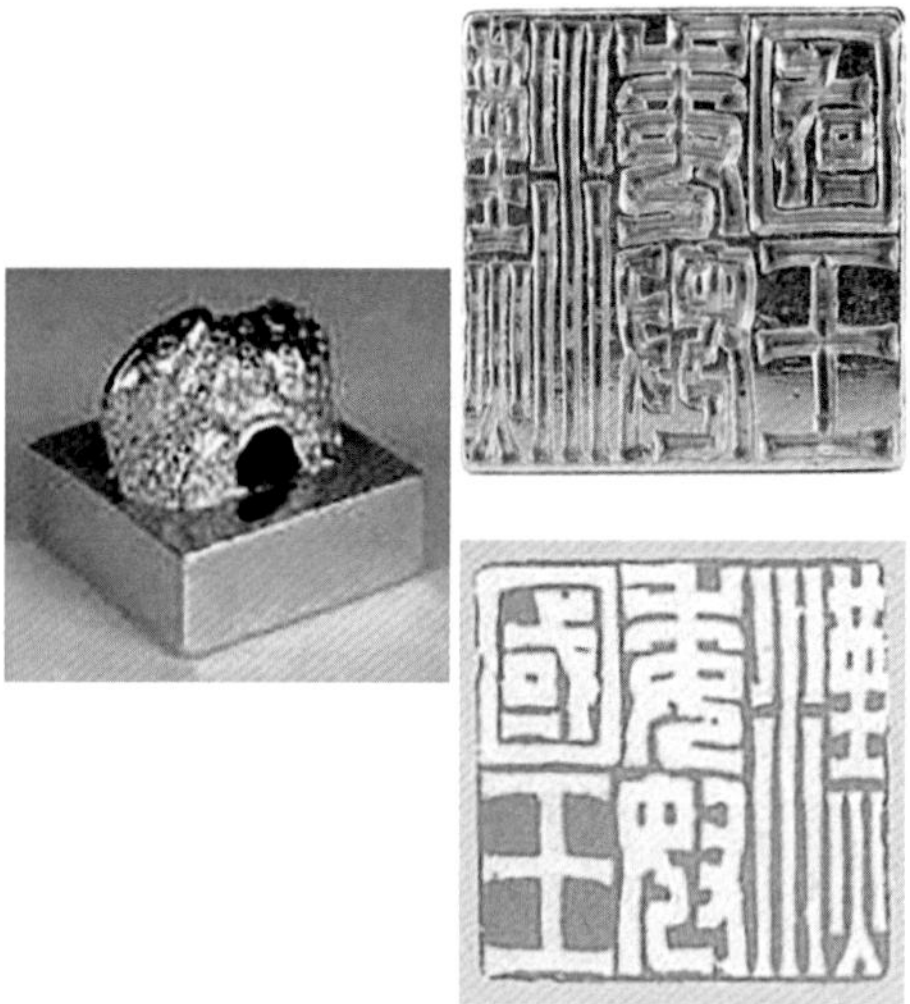

(b) 「漢委奴国王」の金印
（「親魏倭王」印の参考用）

図1-4　「親魏倭王」印の参考用「漢委奴国王」金印と倭への行程図

出典：(a) 岡本健一「邪馬台国論争」講談社選書　メチエ
(b) フリー百科事典『ウィキペディア（Wikipedia）』
注：「親魏倭王印」（現存せず）の参考用

「近くに来て御覧なさい。模様のような文字は『親魏倭王《しんぎわおう》』とあり、魏の臣下である倭の王を意味します。『魏』は今の『東晋』の前の中国の王朝です。

あなた方の先祖『倭王』は中国の『魏』に臣下の礼を示すため中国王朝に貢物を差し出して（朝貢と言う）、国王から金印を下賜されたのです。多分その金印を真似て倭で複製した首飾りでしょう。今の倭がどんな国で、その子孫が何故任那にいるのか私は知りませんが…」。

そう言うと高興博士は立ち上がり、後の戸棚から表紙に『魏志倭人伝』とある小冊子を取り出して卓上に拡げた。

注：印は中国の王朝が皇帝を頂点とした支配体制を運営する上で重要な印綬制度の核心。皇帝は臣下の各国を格付けし、格に応じて金・銀・銅などの素材でつまみ（鈕）付きの印を与え、その臣下国との間でやり取りする文書の封印に使う。現在の封書の閉じ口に印を押す風習は当時のなごりか。

なお実物は現存してない、現在日本にある福岡県志賀島出土の金印『漢委奴国王』は、ＡＤ五七年倭の配下の奴国から後漢へ遣使し光武帝より下賜されたものらしい。

「この小冊子に手掛かりがあるかも知れない。読む前にこの小冊子が何故ここにあるか、説明しよう。今から四百年ほど前（ＢＣ一〇八）、中国『前漢』の武帝が朝鮮を占領し、そこに『楽浪郡《らくろうぐん》』を置いたとき、私の先祖は出先業務を行う地方官に任命され、首都長安から一族を引き連れて移住した。更に楽浪郡の南に『帯方郡《たいほうぐん》』が設置されると、そこの役所に移り同様な仕事をしていた。

やがて魏が後漢末の混乱を収めて統一王朝を建てると（二四〇年）、魏へ朝貢するため倭の使者が帯方郡の郡庁を訪れた。私の祖父は倭の使者を助けて、魏の首都『洛陽』の宮廷と折衝していた。後の西晋の陳寿《ちんじゅ》が後漢末の三国、魏・呉・蜀の歴史『三国志』を書いたが（二八五年）、勝ち抜いた魏の歴史『魏志』に納めるため、祖父は陳寿の求めに応じて倭との交渉経過を伝え、その礼にこの抄録を頂いたようです」。

注：日本で一般に『三国志』とは、陳寿が三世紀に書いたこの正史ではなく、その後千年以上語り物や戯曲など様々なジャンルで民衆に語り伝えられた物語をベースに、十四世紀・元末明初、羅貫中が完成した小説『三国志演義』をいう。

魏志の倭人伝ではまず、帯方郡から見て倭国を構成する国々の位置・距離関係を書いています。

『倭人は帯方郡の東南、大海の中に在り、国土・居住地は山や島から成る。漢時代（前述）には、百余国が朝見に訪れたが、いまは三十国が使者を通わせている。

帯方郡から倭へ行くには、まず海岸伝いに、時には南へ時には東へと船で行くと七千里で韓国を過ぎて、倭の北岸の狗邪韓国に到達する。

そこから大海を千余里渡ると**対馬国**に至る。絶島で四百里四方、千余戸ある。土地は山が険しく深い林が多い。道は獣道のようだ。良い田畑が無く海産物で自活し、穀物は船で南北の市場から求める。

また南へ大海を千余里渡ると**一大国**《いき》（壱岐）に至る。

また大海を渡って末羅国《まつら》（松浦半島）に至る。四千余戸あり、山海に沿って住む。前を行く人が見えない程、草木が茂っている。魚やあわびを取るのが巧い。水の深浅によらず皆が泳ぎ、潜って捕っている。

東南へ五百里、陸を行くと伊都国《いと》（糸島半島）へ到着する。千余戸ある。王が居るが女王国に属している。帯方郡の使者は行き帰りに必ず泊まる。

ここから東南へ百里行くと奴国《な》、東南へ百里で不弥国《ふや》、南へは船で二十日投馬国、推計五万戸。南へ船で十日、陸で一ヵ月邪馬台国に至る。女王の都がある所、推計七万余戸』。

帯方郡の役所があったのはいまの百済・漢城で、狗邪韓国とはいまの任那辺りでしょう。魏の遣使はそこから船で対馬、壱支と渡って伊都国に着き、倭の女王の外交を代行する役人・一大帥《いちだいそち》と挨拶や文書の交換をした。

女王国の先にも幾つか国の名があるが省略しよう」。

ホムダワケは先進国の中国や百済の凄さに圧倒されたが、博士の話に先祖の姿が出て来ると感激して、「我々の先祖は遥か昔、倭を代表して大国の漢や魏へ遣使していたと、この小さな首飾りが教えてくれたのですね」。

博士も先ほどまでは、王の気まぐれで任那の若者と無駄な時間を過ごすことになったと、嘆く気持ち

は一変して、

「今から百年以上前、ここで私の祖先と貴方の祖先が祖国を代表して会していた。今では誰もが忘れていたことを、この首飾りがきっかけで教えてくれた。私にも驚きで、本当にうれしい」。感激に震える声で語り、両手でホムダワケの肩を叩いて喜び合った。

少し落ち着くと博士は任那に対するこれまでの気持ちを、素直に話してくれた。

「尚古王が任那と同盟すると言った時、私は大国の百済がそんな小国と組んでも得することは無い、と反対しました。先日あなた方が来た日も、尚古王が余りに熱心だったのでしぶしぶ従っただけ。尚古王が今日あなたをここに来させたのも、反対派の私を何とか納得させたいからでしょう。いま貴方が漢・魏へ遣使した由緒ある倭王の系統と知り、今後私は任那との同盟に賛成すると王に伝えます。

尚古王に頼まれた貴方の教育の件ですが、しばらくはこの冊子『魏志倭人伝』を一緒に読んで、昔の倭国がどんな所か、中国が倭国をどう見ていたか学びましょう」。

以後、ホムダワケは高興博士の仕事の合間に部屋を訪ねて、一緒に『魏志倭人伝』を読み、関連した事柄を説明してもらった。

地理の次は、魏（後に晋）と倭との間の外交について。

景初二年（二三八年）六月、倭女王・卑弥呼は大夫難升米《たいふなしめ》を帯方郡に派遣し、魏の天子にお目通りし

て男の奴隷四人と女の奴隷六人、麻布二匹二丈など献上したいと言った。帯方郡太守の劉夏は部下に命じて難升米を引率して都・洛陽に送らせた。返礼として一二月、倭の女王宛てに送られた『詔書』（中国王の正式文書）には「遠方の倭が遣使し朝貢した、その忠孝を非常に喜んで『親魏倭王』に任じ、金印紫綬を授ける。倭はその民に善政を施せ。我国が倭を重視することを記録して広く知らしめよ」。

その後正始元年（二四〇年）、正始四年にも往来があった。

正始八年、帯方太守王頎が着任した頃、倭の女王卑弥呼は狗奴国と和せず、戦争状態にあり、魏の支援を訴えたが支援が得られず、やがて卑弥呼は死んだ。

次いで男王を建てたが国中が従わず当時千余人、殺しあった。そこで卑弥呼の血筋にある一三歳の女・台与《とよ》を王に立てると国が収まった。台与は魏に代わった西晋に泰始二年（二六六年）朝貢品と使者を送った。

その後西晋は衰退し、台与の代にまた倭国は乱れて、中国と倭の間の交渉は途絶えたようです。

その頃、あなたの祖先オオタラシヒコ王たちは狗弥国に追われて海を渡り、朝鮮へやってきたのでしょう。ナカツヒコ王や長老たちに聞けばその頃のことが分るでしょう。朝鮮半島でも国名は時代と共に変わり、いま北に高句麗、南西に百済、南東に新羅、その間に伽耶諸国があります。所で倭はいまどうなっていますか。
勿論中国でも時代が移れば王朝も変わるしその支配範囲も変わる。中国では魏王朝が倒れると、晋を経ていま北は五つの蛮族が互いに覇を争い、南に逃げた晋は東晋王朝を建て、最近百済はその東晋と冊封関係を結びました。

「次に『倭の社会と風習』も色々書いてある。

・女王国では卑弥呼が神と通じて、特別な時は骨を焼き割れ目を見て吉凶を占う。その弟だけが姉と会いその命を受けて人びとに伝える。
・宮殿や年貢を収める倉庫がある。市があり有無を交換し、役人が取り締まる。
・伊都国に居る一大率《いちだいそつ》という役人が女王国の北の諸国を統括しており、各々の国へ収穫に応じた税を命じ、また魏から来た使節との対応を行なう。
・人が死ぬと棺に入れ塚を作る。死後十日ほど喪に服し、肉を食べない。喪主は号泣し、他の人々は飲酒し歌舞する。埋葬が終ると家人は水に入り清める。
・集会での振る舞いに、父子男女の区別は無い。
・宗族には尊卑の序列があり、上の者の言うことは良く守られる
・人々は酒を好み、敬意を表わす作法は、拍手を打ちうずくまって拝む。
・人は長命で、百歳や九十、八十歳の者も多い。盗みは無く、争論も少ない。

・罪を犯す者は、軽ければ妻子を没収し、重ければ一族を根絶やしにする。

この他、当時倭国を訪れた帯方郡の使者が見た倭人の日常生活や、風俗、習慣、農業や漁業の仕方・産物、飼育動物など、時には中国と比較して興味深く記している。

「これが本当に我われの先祖の姿ですか？　懐かしいようで、少し恥ずかしいような気もします」。

「百年以上前、倭人社会を見、聞きしてまとめているので、興味本位の所もあるでしょうね」。

「少し時間がかかったが、これで魏志倭人伝の説明は終わる。何か質問は？」

「作者の陳寿は、何のために『三国志』や『倭人伝』を書いたのですか」。

「それを答える前に、中国で独特な『史家』について説明する。

中国には古代から『天命思想』があり、世に相応しい者が天の命を受けて王になり、王は天に代わり正しい政治を行なう。もし王やその子孫が政治を誤れば、天は命を革《あらた》めて別人を王に選び、次の王朝が始まる。こうして王朝が推移することを『革命』と言い、次の王朝は天の命を受けた正統性を人々に認めて貰う必要がある。

そこで史家と言われる人が前王朝の政治を書いた記録の中から、公平かつ総合的に前王朝の歴史書を編纂し、天命推移の正統性を判断する根拠とする。そのため現王朝の官吏は、次の王朝での史家の評価を意識して、政治の実態を公平かつ正確に記録する。

最初の著名な史家は漢代の司馬遷《しばせん》で、中国の神話時代以後漢の武帝までの歴史を記している。当時絶大なる権力を持つ武帝に媚びず、信念を持って書いたので皇帝から迫害された。しかし、後世の人は彼を『史聖』、書いたものを単に『史記』と名付けて、その卓絶した内容から、以後の史家は史記に倣って史書を編むことを理想としている。

陳寿は晋の時代の人で、生涯をかけて膨大な『三国志』を書いた。これは後漢末から魏・呉・蜀の三国鼎立を経て、統一された魏に関する歴史書で、当時魏と交渉を持つ周辺の国々についても詳細に記述している。東の朝貢国を書いた『魏志東夷伝』には、高句麗、韓など九か国が含まれ、中でも『倭人の項』は最多の二千文字で、その頃の人々の関心が高かったことがうかがわれる」。

「倭の邪馬台国の卑弥呼は、何故魏へ遣使したのでしょう」。

「少し難しい質問です、私は次のように考えている。卑弥呼が魏へ遣使したのは、中国では後漢末の混乱、魏・呉・蜀、三国の戦いを経て、魏が天下を統一する直前です。中国南方の呉は、北方の魏との戦いで大海の向こう倭の力を借りるため、倭の南端にある狗弥国を味方にしようと進んだ製鉄技術で作った大量の鉄を与えた。その鉄で武装した狗弥国が倭国内を勝ち進んで北上し、更に朝鮮海峡を渡り北上して魏の背後を攻め、呉と協力して挟み撃ちする遠大な策です。

狗弥国が戦力を増強し北上してくるので、対抗するため邪馬台国の卑弥呼は魏へ支援を頼んだ。だが狗弥国が倭国内の戦で手間取っている間に、魏は呉を破って中国統一を実現した。その結果魏の支援が得られなくなった邪馬台国や他の倭の諸国は、次々に狗弥国に敗れた、のではないか」。

「例え倭国内の戦いでも、遠方の大国と関係あるかも知れないのですね。ではなぜ倭国は連合して戦ったのに、単独の狗弥国に負けたのか、邪馬台国には鉄がないからですか」。

「そうではない、同じ鉄でも、中国の呉が狗弥国へ送った鉄で刀剣を作れば、当時邪馬台国などの鉄と違い、鋭利で折れ難く切れ味がすばらしいので非常に有利に戦えた。しかし呉から狗弥国へ大海を越えて鉄を届けるのは難しく、倭国内の戦が長びいている間に魏は単独で呉を破った、ということではないか。

その頃中国の北方、後漢や燕でも、新しい技術で鉄を作り始めた。古くから朝鮮半島の各所にあった鉄鉱山や製鉄所も、最近は新しい技術で鉄を作ろうとしている。いま中国や朝鮮半島での激しい戦いも、一面では新しい鉄の武器による新しい鉄源の争奪戦とも言えよう」。

「博士のお陰で今の任那や倭の人も知らない、百年以上昔の倭を知りました。書と文字があるから出来るのですね。この不思議な力を持つ文字は、どの様にして出来たのですか」。

「中国では今から千五百年前、『蒼頡《そうけつ》』と言う人が漢字・文字を発明し、その漢字の使用を拡げて今日まで文化や政治を発展させてきた。

『蒼頡が文字を作ると、天は粟を降らせ、鬼は夜に泣いた』、文字の発明で民は穀物など食料の生産が飛躍的に増え喜んだが、鬼神は己を祀り祈る民が減り、恨み泣く声が夜ひそかに聞こえた、と言われている。

蒼頡が初めに作った文字は**象形**で、鳥や獣の足跡の模様などから元の動物が分かる『馬』や『鳥』、『山』…などの文字だ。

次は**会意**で、木が多い意味を表す『林』『森』などです。

さらに中国社会の発展につれ、象形と会意だけでは表わせない物やことが増えて、『上』や『下』などを示す**指示**、今までの漢字を組み合わせる**形声**を使って漢字を増やした。今の漢字の大半は形声で、水を意味する『シ（サンズイ）』と、音を表わす『十』『干』『工』…を合わせて、水に縁のある汁、汗、江……。

また既存の漢字を連ねて新しい意味を表わす**熟語**も発明された。

漢民族は文字を発明したが、中国は広いので地方により、同じ言葉に別の文字を使うとか、異なる表記を使う所もあり、互いの意志が通じ難くなった。

今から五百年前、秦の始皇帝は国によって異なる漢字から三千三百文字を選んでその他の異文字を禁止し、また難しい**篆書体**《てんしょ》から早く簡単に書ける**隷書体**《れい》に統一した。

文字やその書き方が統一されると、中国国内では同じ文字を使い、地方や民族で多少発音が違っても、意味の取り違いなく意思が通じるようになった。

中国人の間に連帯感が生まれ、更に中華は世界の文化政治の中心で、他より優れているとする『中華意識』が高まった。即ち黄河中下流地域・『中原』に住む漢民族は、周辺の異民族を東夷・西戎・南蛮・北狄と蔑称で呼び、その王は地方の蛮族を教育し、取り込んで行く使命があると考えるようになった。

漢字は読むのも書くのも難しく、不自由なく使えるのは中国人でも百人に四、五人。まして中国語を話さない人が漢字を読み書きするのは難しい。百済でも二十年前尚古王が即位するまで、漢字の分かる人は居なかった。王は百済の政治を中国風に改めようと、十年ほど前に私を百済の朝廷に入れた。私は王の政治に意見を述べるほか、百済の役人を教育して国の正式な文書を作り、中国との外交や百済の歴史書を作る仕事の指導もしている。

朝鮮は漢字のような文字を持たないので、代わりに漢字・漢文を使う。倭人も文字を持たないので同じだろう。倭人は自らを『ワ』と言うので『倭』を当て、倭の諸国は『対馬《つしま》』『一支《いっし》』『末盧《まつろ》』『伊都《いと》』などと書く。あなたの名前ホムダワケは『品陀和気』かな？　将来任那で仕事をする時のため、今のうちに漢字と中国の考え方をしっかりと学びなさい。

もうすぐ正月だ、この休みに百済朝廷では新年の賀や宴会が行われる。百済はいま中国の政治体制や風俗・習慣を取り入れて、新しい国作りに取り組んでいる。この際あなたは百済の変化する状況を見て、将来倭の役に立てなさい」。

三章　年賀の鷹狩りから七夕の宴へ

百済朝廷における年賀の儀式は、美しく飾った大広間で格式と威厳に満ちた形式で行われた。近年、中国の東晋へ朝貢を始めたので、伝統的な中国王朝のやり方に倣って、煌めく官衣と冠で身を包んだ尚古王以下主な文官、武官らが前方に立ち並び、次々に登壇する人物が耳慣れない賀の言葉を述べては降壇する。延々と続く厳粛な雰囲気で、列席者の間に飽きの空気が広がり始めた頃、ようやく儀式は終わった。その時を待ちかねていた給仕達は、なだれ込むように円卓を運び込んで、あっという間に会場を賑やかな宴席に作り変えた。

ホムダワケが混みあう人々の中で戸惑っていると、先に卓に着いた皇太子（次の仇首王：在位三七五～三八四年）が笑顔で手招きしたので、ホッとしてその隣に座った。

皇太子はホムダワケより十歳ほど年長だろうか。任那から百済に来て宮廷内へのあいさつ回りの時に紹介されて言葉を交わした程度で、殆ど記憶になかったが、改めて良く見ると若さの中にも地位に相応しい落ち着いた魅力を見せていた。笑顔の美しい聡明そうな女性とその侍女たちが脇を囲んで座り、華やかな雰囲気を発していた。

ホムダワケは黙って座り、初めのうちはそっと左右を眺める程度だったが、何度も勧められるうちに酒杯にも手を出し、卓上に盛られた珍しい料理を食べ、周囲の談笑の輪に加わるようになった。向かい側の笑顔の美しい女性は、皇太子の妹の王女で、名を「ジミレ」ということも知った。

　幾つか並ぶ円卓の前には仮設の大きな舞台が作られ、その上で楽人たちが賑やかな曲を演奏していた。派手な衣服で身を飾った数人の男女が次々に舞台の上に現れて、鳥や獣の群のように曲に合わせて歌ったり踊ったりする。新しい曲に変わる毎に、新春の客人たちは一段と陽気に楽しく盛り上がって行った。


　皇太子はホムダワケを良い話し相手と思ったらしく、この年末の宴のすぐあと、正月五日に宮廷行事の『鷹狩り』があるので、ぜひ見に来るようにと誘った。

　これは我らの祖先扶余《ふよ》族(中国満州からロシア沿海州を本拠とした牧畜民族)から伝わった行事だが、いくさの訓練に役立つので、王が主催して毎年正月に行われている。今年はとくに、高句麗との戦いが目前に迫っているのを意識して、みんなが真剣に準備している。私の鷹はこれまで厳しく育てて訓練して来たので、必ずや一番多くの獲物を狩り、最高の栄誉を受けとる事が出来る、と。

　倭には鷹狩りの風習は無く、ホムダワケはこれまで『鷹狩り』の事は何も知らなかったが、皇太子の熱心な誘いに乗せられて、是非見に行きたいと答えた。

　よし、それではこちらであなたの外出許可をとってやる。馬には乗れるだろう、貴方が乗る馬はこちらで用意します。一日中屋外に居るので相当冷えるが、適当な防寒外出着を持っているか。襟巻はぜひ要るし、厚い上着と下はせめて胡服（ズボン）をはいて……など、ポンポンと話を進め、そばで二人の話を聞いている王女に、二言三言耳打ちした。そして前日までに侍女が乗馬用の胡服、襟巻などを用意して、ホムダワケの所へ届けることになった。

五日の早朝まだ暗いうちにホムダワケは前日届いた野外用の防寒衣装を身に着け、馬に乗って急いで指定された場所へ向かった。そこに集まっていた百済の若き貴公子たちの、颯爽とした乗馬姿や慣れた手綱捌きを見て、しばらくその鮮やかさに圧倒された。

それでも馬での移動中やちょっと詰め所で休む時に、皇太子が付けてくれた供人が、鷹狩りのやり方や卒兵たちの役割など、丁寧に説明してくれたので大分気が楽になった。

彼の説明によれば、『鷹狩り』は個人間の戦いでは無く、参加する複数の部隊間の対抗戦であり、統率者には自部隊をどう動かして多くの獲物を得るかその手腕が問われ、状況に応じた素早い判断が戦果の大小につながるという。成るほど、鷹狩りは敵との戦を想定した訓練として非常に役立ちそうだ。

一〇組ほどの部隊は間もなくくじで決った集合点に向けて移動した。ホムダワケの入った皇太子部隊は移動先の集合点に到着すると、今日の鷹狩りでの各自の分担が指示され確認し合った。ウサギ、山鳥、水鳥など狙う獲物によって、近くの地形の中から山地、平野、水際の何れかの陣地を選び、各人は集合点から決められた陣地へと急いで移動した。

漢城郊外の冬の野山には小ぶりの木々と枯草がまばらに生え、決まった道も無くなだらかな起伏がどこまでも続いているだけのように見える。しかしその中のどこかに獲物が潜んでいるのだ。

鷹狩り集団の各々は隊長以下、獲物の雉や野ウサギを追い立てる勢子《せこ》、鷹を扱う鷹匠《たかじょう》、鷹が飛んで行く方向を見るベクシ役など五十人程で構成される。隊長が現地で狙う獲物の種類に応じて、作業順序や分担の確認など、今日の作戦で決ったことを全員に知らせた。鷹匠の腕の上には晴れの舞台を迎えた鷹が何時でも飛び立つ姿勢を取り、その精悍な目には冒すことのできない雄々しさを感じさせた。

遠方から開始の笛が聞こえると各集団は一斉に動きだした。勢子が上げる喚声に驚いて獲物の雉や野ウサギなどが飛び立つと、後を追って空に上った鷹はやがて狙いを定めた獲物を目がけて一直線に降下する。鷹が首尾よく獲物を捕らえると、ベクシ役が鷹の落ちて来る場所を探して、鷹が咥えている獲物をとり押さえて外す。

自分と同じ位の大きさの獲物を襲って捉えた鷹を、素早く操る鷹匠の声掛けと無駄の無い動きに、これまで経験したことの無い迫力を感じた。こうして次々に獲物が捕えられ、その度に集団全員が歓喜の声を上げる姿を見て、ホムダワケは体中の血が沸き立つような興奮を覚えた。捕った獲物を外すと隊員らは休む間もなく次の獲物を狙って散って行った。

皆が興奮する狩りもしばらく続くと隊員たちに疲れが出て来る。その頃を見計らうように簡単な昼食を兼ねた休憩に入ると伝えられた。休んでいる間にも採れた獲物の前に皆が集まって、獲物の種類とその数を数えながら、言い合っている。休憩後もこのまま同じ狩りを続けるか、獲物が少ないから作戦を変えるか、変えるなら各人の作業分担をどうするか…と。

ホムダワケは休憩後もしばらくは熱心に皇太子部隊の動きを追っていたが、同じ事の繰り返しなのでやがて最初の感動も薄れ、早朝からの疲れも出て緊張がゆるみ始めた。

慌てて我にかえると忘れていた寒さで急にブルッと震えた。その時改めて皇太子兄妹の好意を身に染みて感じた。この地では日中でもこんなに寒くなると、南の朝鮮で育った自分がきっと知らないと思って、温かい襟巻と乗馬用の胡服（ズボン）を特に用意してくれたに違いない。

木々の影が少し長くなりかけた頃、夕陽が落ちる前に今日の戦果の鳥獣をまとめて、今朝の集合場所に戻れ！　と、伝令が来た。朝の場所に再び全部隊が集まって、負傷その他事故の有無を確認した後、尚古王が臨席して表彰式が行われた。

各部隊の獲物戦果発表では、自慢していた通り皇太子の部隊が一番多かったようだ。

各々の部隊は今日の狩りの成功や失敗を大声で話しながら、意気揚々と宮廷内の詰め所に引き揚げた。さっそく火を囲んでの祝宴が開かれ、ホンダワケも皇太子の脇で、互いに今日の活躍を称え合い何度も酒杯を上げる仲間に混じって、深夜まで楽しく過ごした。

ホムダワケは借りた鷹狩りの衣服を返すとき、アジレ王女にお礼の意を伝えたいと思った。しかしお礼を表したくても、百済も倭も字を持たないので漢字で書くしかない。高興先生に教わったのは他人の書いた漢文を読み理解するだけで、もっとも簡単な「ありがとうございました」でも、どう書くのか分からない。また自分が書けたとして、受け取る王女はその文を読むことができるだろうか。

あれこれ考えたが、結局お礼の気持ちを表すような「もの」を添えて返すことにした。しかしいまの自分が自由に動けるのは城内だけで、自由に贈りものを選ぶことは出来ないし、相談に乗ってくれる人も居ない。数日迷った末、いま自分が腰から下げている翡翠《ひすい》で作った飾りの勾玉《まがたま》を外して贈ることにした。

勾玉は半円の渦巻の先を細く湾曲させたような形で、半透明で落ち着いた緑碧色をしていた。かつての遊び仲間、葛城ソツヒコが、倭の本国から任那に戻ってきた時、これはお前にやる土産だ！　と言って呉れた。

「この変な形をした石は何か？」と聞くと、「倭では非常に貴重な宝石で、魔除けの力も強い」という。その勾玉の尾の方に紐をつけ、腰からぶら下げていると、「そんな方法ではすぐ失くしちゃうぞ」とソツヒコは煩さかった。


先日の侍女が来たとき、返却する衣服に添えて飾りの勾玉をお礼として手渡した。しばらく経つと王女から自分で作ったという襟巻が贈られて来た。それはうす緑色の光沢のある手触りの良い絹布で作った襟巻で、その片側には鳥、反対側には勾玉形の刺繍が施されていた。

漢城の冬は相変わらず厳しかったが、その襟巻を身に着けるとしっとりした肌触りに、優しい王女の心遣いを感じた。自分の勾玉に込めた気持ちが確かに王女に伝わった…、そう思うと自然と嬉しさがこみ上げて来た。しかし王女の顔を思い出そうとしても、一度会っただけで覚束ない、見たことの無い母の顔と重なって、思わず涙がこぼれた。

三六九年高句麗の故国原王《ここくげんおう》は、自ら二万の大軍勢を率いて百済の北辺に侵入してきた。その報が漢城に伝えられると、かねて尚古王の指示で準備していた三万の百済軍は、皇太子の指揮の下、高句麗軍を迎え撃つため勇んで出陣した。協定を結んでいた任那軍も対応して、ホムダワケの兄・皇太子ミマナヒコを隊長として、高句麗軍の先陣を目指して任那を出発したという。これら色々な情報が入り乱れて、宮廷も漢城の町も騒然とした空気に包まれたが、ホムダワケもこの騒ぎに煽られてじっとして居られなかった。

ホムダワケは次に高興博士を訪ねた時、この状勢を宮廷の片隅でじっと見ているより、すぐ戦場に行って戦いたいと訴えた。

「しかし、あなたはいま百済の賓の身分であり、誰もあなたを戦力として期待していない。任那の方でもいま戻って一緒に戦って欲しいとは考えていないでしょう。この戦いの勝ち負けは分からないが、農耕民の多い百済と牧畜民の気風が残る高句麗との戦いは、決して今回だけでは終わらない。これから何度も繰り返えされます。あなたはまだ若く成長すれば必ず力を発揮する機会がある。今はその準備期間と考えて、私の蔵書にある兵法書・『孫子《そんし》』を取り出して一緒に読みましょう」。

「いま博士が言われた『兵法』とは何ですか？

戦争について、書を読んで学べるのですか。先日の鷹狩りでは、事前の計画や状況判断など実戦にも役立つと聞き、私も参加してなる程と思いましたが…」。

「以前皇太子にもこの兵法書を講義した。しかし情勢がひっ迫して来ると時間がとれないと、途中でやめてしまった。必要なことを学ぼうと思う時には学ぶ時間がない。いま必要と思わなくても学んでおけば長い人生きっと役に立つ時が来ます。あなたはいま落ち着かないでしょうが、こういう時こそ将来のためじっくり学ぶことが必要です。


中国は途方もなく広く、また三千年以上の長い歴史がある。何時もどこかで争いが起き新しい国が生れ、また今栄えている国も政治や軍事がうまく行かなければ、アッという間に亡んで行く。過去の多くの国の興亡を、それに密接に関係する兵・軍事面から追求して説いたのが孫子の兵法です。

孫子は今から七百年ほど前の人ですが、説いた内容は全然古くなっていない。漢末の争乱から魏・呉・蜀の三国鼎立を経て、統一した魏王朝を建てた『曹操』が、孫子とその一派の説を兵法書としてまとめたものらしい。私の祖父が魏の都・洛陽へ行った時、書の評判を聞いて、底に流れる熱い想いに感激して手に入れたようです」。

「かの有名な魏の曹操がまとめた書なら、ぜひ読んでみたいです」。

「兵法書は全体が十三編から成る。

第一編から順に読んで行く前に、ざっとこの書の基本となる孫子の思想を説明しよう。孫子は為政者の心得として、戦争をきわめて重要かつ深刻なものと捉えている。戦争は国民の生死、国土の存亡がかかる国家の一大事だから、戦争を一つの事象として考えるのではなく、国家運営と戦争との関係から、次の三つを重視するよう説いている。

第一は、好戦的で無いこと。

『百戦百勝は善の善なるものにあらず。戦わずして人の兵を屈するは善の善なるものなり』、『兵は拙速なるを聞くも、いまだ巧久なるを見ざるなり』と説き、戦争が長期化して国家の経済的負担が重くなる方を重視している」。

『戦わずして……』なら、策略やだまし討ちも良いのですか。『兵は拙速なるを聞くも……』なら、とにかく早くやれということですか。」

「だまし討ちを嫌う人も居るが、それで兵の無駄死を止め戦が早く終わるなら、上に立つ人間が取るべき策の一つである。また世間の評判を考えて慎重過ぎると長期戦になり、その結果民の疲弊が膨大になると戒めている。

第二は、現実主義であれ。

『彼を知り己を知れば、百戦して危うからず』とし、開戦を控えて先祖を祀る神社の前で揃って行う軍議を重視する。そこでは七つの項目を挙げ、天の利、地の利はどちらの軍に有利か客観的に比較して、公平に判断せよという。

第三は、戦う時には主導権を取れ。

敵と対する時は正攻法を取りつつも、個々の戦は奇襲によって勝つべき。守勢の時はじっと鳴りを潜め、攻勢になったら一気に畳み掛ける。勝算あれば戦い、無ければ戦わない。

この三つの基本をしっかり頭に入れて、次回から十三編の兵法書を順に読んで行こう」。


こうして孫子の兵法書の講義が始まった。

数回過ぎた頃、高興博士はホムダワケの様子が最近少し変だと思った。時々ボーと上の空になっている。気付いて「今の所を声を上げて読みなさい」と言っても、どこから読めば良いか分からない。仕方なく、そこを繰り返して説明する。

同じことを何度も繰り返すので、「何か気になることが…」問うても黙ったまま、顔を真っ赤にして立っている。こんな事はこれまで無かった。

兵法書は難しいので、理解が追い付かないのだろうか。博士は少し気分を変えようと、全く異分野の古代詩集『詩経』を取り出して、その中から若い男女の歌を選び、節をつけて読んで聞かせた。

静女（愛する女への讃歌）

靜女其容　　靜女は顔が美しい

俟我於城隅　私を城隅で待つという
愛而不見　行ってみると姿が見えない
搔首踟躊　私は頭を掻いてたたずむ
靜女其恋　靜女は姿が上品だ
貽我丹管　私に赤い管を贈ってくれた
丹管有緯　赤い管はきれいだが
説懌女美　靜女のほうが美しい
自牧歸荑　靜女は牧場からつばなをつんできてくれた
洵美且異　つばなは美しく珍しい
匪女之為美　だがその美しいと思うわけは
美人之貽　靜女が贈ってくれたからだ

管はガラス製の細管に糸を通して作る手首飾り、茅花《つばな》は稲の仲間の草、春先の若穂には微かな甘みがあり、昔から子供のおやつとして食べられてきた。愛する女への思いを歌った古い民謡で分かり易い。恋に落ちた男は誰もこの詩のような気持ちになる…。説明しながらホンダワケを見ると、下を向いて忍び泣いていた。

数日後、急ぎの用でジミレ王女が高興博士の家を訪ね、用の済んだ王女を送ろうとして博士も一緒に玄関口に立っていると、ホムダワケがその日の講義のため入って来た。一瞬の偶然の出会いで見せた二人の慌てぶりと恥じらいの表情から、博士は最近のホムダワケの不審な動作のわけを知った。

改めて博士が二人に何があったかと尋ねると、ホムダワケは首に巻いていた襟巻を卓上に広げた。ジミレ王女から贈られたという絹布の一端には茶色の鳥の刺繍が、他端には火の玉状の青緑色の刺繍が施されていた。この鳥は鷹、こちらは勾玉と嬉しそうに指差す先を見ると、半年ほど前に王女に教えた先進地中国・江南の刺繍技術を上手く使って作ったことが分かる。

ホムダワケに対する熱い想いが、こんなに短い間に王女の手技を上達させたに違いない。二人が互いに好きあっていることは良く判ったし、性格的にも相性は良さそうだ。

以前高興博士は尚古王に百済の高句麗対策を問われて、次の方策を作成しその策が採用されてからも時々相談に預かっていた。

当面の高句麗の侵入に対しては、百済自身の戦力を増強して備えると共に、両軍が戦っている時に隣国の新羅が百済へ侵入するのを阻止するため、南端の加羅国の力を利用すべきこと。更に長期的には中国南朝の東晋へ遣使して、東晋の力を借りて高句麗の南下を阻止することである。

博士の予想に反して、尚古王が加羅でも小国の任那を選んだので初めは多少ゴタゴタした。しかし進行中の高句麗戦では任那軍の働きは期待以上らしいし、賓として来た任那のホムダワケ王子は、熱心に学んでいるので将来性がある。

東晋への遣使については、百済側の貢品として絹布とその製品から選ぶことになった。

そこで博士は貢品の質を高めるため、桑の葉で蚕を養い取れた繭から絹糸を紡ぎ染色までを行う宮廷外の職業集団と、機織りや刺繍を受け持つ王宮付きの女官や侍女・婢たちが、上手く連携するように指導してきた。中国朝廷が好むような質の高い貢品を作るため、ジミレ王女は博士の部屋を時々訪ねて相談するなど、他の王女達に見られない熱心さで博士を喜ばせていた。


博士は自分に関わる若い二人に起きた予想外な成り行きに驚くと共に、一途に進もうとする二人の熱意に感激した。そこでこの先尚古王などから厳しい反対が出ても、何とか取り除いてやりたいと考えた。

尚古王は強国高句麗に対抗するだけでなく、今後は隣国新羅に勝ち朝鮮半島の南半分を自国領にしようとしている。

今度の百済と任那の協定は当面の高句麗の侵入に対抗するだけだが、二人が結婚して百済と任那の絆が強くなれば、周りの加羅の国も味方にし易く長く同盟の効果が期待される。これらの利点を尚古王に納得させれば多分上手く行くだろう。

これまで二人は一度しか会っていないという。なるべく早くもう一度会って、相手の気持ちを直接確かめるべきだ。二人とも同じ宮廷内に住むが、周囲の目を避けて密かに会うのは難しい。むしろ大勢の目の前でさりげなく会った方が良さそうだ。今年の暑さも盛りを過ぎて、吹く風に秋の気配が感じられる季節になった。最近中国の宮廷では、初秋の『七夕の宴』が盛んに行われている。ここ百済・漢城でもそんな宴を開いて、二人をそこに呼び大勢が見ている所でさりげなく会わせてやろう。

宮廷の広い庭で七夕の宴を開き、機織りに励む宮廷の女官たちが踊りを披露する、と言いまわると、尚古王を始めアジレ王女の周りの人達からも、出席を心待ちにする声が広がった。

当日夕闇が濃くなると庭のあちこちに、かがり火を焚く明かりを囲むように卓がいくつか置かれ、王を始め多くの人達は分れて座った。背後には中国の七夕民話を描いた大きな絵が飾られて、華やかな雰囲気を盛り立てた。

合図と共にうすぎぬをまとった数人の女官たちが出て来て、音曲に合わせてしばらく踊ってから捧げものを庭に並べて、七本の針の穴に美しい彩りの糸を通して針仕事の上達を祈った。次に博士が立ち上がり暗い黒い大空を指さしながら、中国に昔から伝わる七夕の民話を紹介した。

「この天空のこちらから向う側に天の川が走っています。

川の東はしに織女が居り、天帝の娘でした。織女は年々機を動かして雲錦の衣を織り、自分の容貌を整える暇はありませんでした。天帝は何時までも結婚しない娘を哀れに思い、川の西に住む牛飼いの男・牽牛郎へ嫁がせてやった。すると天帝の娘は全く機を織らなくなった。

その話を聞いて腹を立てた天帝は娘を連れ戻して、二度と牽牛郎の所へ行かないよう命じた。牽牛郎は年に一回だけ許されて、川を渡り東岸に居る織女に会いに行くようになった。その事が七夕祭りの始めと言われています」。

博士の話が終ると周りは楽しい雰囲気に包まれ、出席者たちは楽しく飲みかつ食べ、大きな声で話し合った。

ジミレ王女とホムダワケの卓は離れていたが、博士はホムダワケを抱えてジミレ王女の卓まで連れて行った。ホムダワケはしばらくジミレ王女を見つめ呆然と立っていたが、やがて小さな声で「今夜、あなたはとても美しい」と言った。それに応えるように、僅かに王女の口が動き「ありがとう。とてもうれしいわ」の声が聞こえた。

周りの人びとは賑やかな楽曲に誘われて夜空を見上げ、天の川の両脇にある筈の二つの星を見つけるのに懸命で、地上で進む若い男女の出来事に気付いた人は居なかった。

四章　谷那鉱山の再開事業

高興博士は二人の熱い想いを次へ進めるため、尚古王にどう切り出したら良いか悩んでいた。

任那のナカツヒコ王が漢城を訪れたのは、そんな時だった。高句麗戦の前線にいる任那兵を激励するため漢城近くを通るが、この際百済の宮殿に寄り久しぶりにホムダワケに会いたいと伝えていた。それは表向きの理由で、ナカツヒコ王にはなるべく早く確認しておきたいことがあった。

百済から受け取る約束の鉄鋌がその後滞っている、その理由を百済側に質して欲しいと部下から頻りに催促されていた。協定を結んでから任那が受け取った鉄鋌は品質が悪かったので、その旨百済へ伝えて良品との交換を要求したが、何の応答も無く代品も送って来ない。これでは協定の根本が崩れるので、直接百済の尚古王にその事実を伝え今後の対応を協議して欲しいというせっぱつまった要望だった。

ホムダワケはそんな事情を知らず、ただ懐かしい父王に会う嬉しさで王の宿舎を訪ねたが、旅装を解いてもまだ厳しい戦場の雰囲気が漂う王に会うと、すっかり気後れしてしまった。

王はホムダワケが黙って立ったままなので、「どうしている！」と、息子の体を引き寄せ両手で肩を二、三度軽く叩いて漢城の生活について尋ねた。

漢城では周りの人たちが親切なので、身体の方は特に問題ありませんと云って、しばらく黙っていたが、やがて「百済も任那も必死で戦っている最中に、私個人のことですが…」と、ジミレ王女との件を切り出した。

父王は「皆が厳しく戦っている時に何と呑気な……」と厳しく叱ると思ったが、特に驚いた風でもなく、静かな口調で「男と女が好きになるのは、時とか状況を選ばないものだ」と話し始めた。

「私がまだ若かったころ父オオタラシヒコ王の命で、祖先の地を取り返すため海を越えて倭へ渡った。現地の応援軍の協力も得て戦ったが、苦戦が続く中で一緒になったその地の有力者の娘、お前の母・オキナガヒメは率先して最前線で戦い苦労を続けてくれた。

少し前途の見通しがつくかという頃、父王が亡くなったので早く帰れと任那から報せが来た。当時妊娠中のヒメは、後は自分が何とかするから急いで帰れと言う。私は後ろ髪を引かれる思いで任那へ戻り、任那王として即位した。ヒメは九州の地に残りなおも戦い続けたが、お前を生んで間もなく亡くなった。そこで任那からの派遣軍は北九州の奪回を諦めて、全員引揚げることになった」。

これまでうすうす聞いていた母のことを父から直接聞き、この際もっと詳しく知りたかったが、今はわしの昔話よりお前の話の方が先だと言われジミレ王女との成り行きや、それぞれの気持ちについてすべて話した。と云っても内容はほんの僅かしか無かったが。

「それでお前とジミレ王女の仲を知るのは、百済側にもいるのか」。

「高興博士一人、われわれに好意を持たれて何かと心配してくれます」。

「では明日尚古王と会う前に、高興博士にお会いしてこの件をどうするか相談しよう」。

翌日午後王宮で、ナカツヒコ任那王を迎えて尚古王との会談が行われた。

まず尚古王が「現在の状況は、高句麗との戦いは我われに有利に展開し遠からず勝利に終わるだろう。任那の協力に感謝している」と述べ、それに応えてナカツヒコ王も簡単に挨拶を返して双方一息ついた。

次に尚古王は「そちらもすでにご存知と思うが…」と相手の様子を伺いながら、少し声をひそめて、

「実は、最近百済の谷那鉱山の操業が困難になり、任那との協定の基本である鉄鋌の生産がうまく行かないのだ。百済の一部ではしばらく前から谷那鉱山の状況が悪いと問題になっていたようだが、私はこの間初めて知り驚いた。そこで任那王が来られる前にと、現地の担当者を呼び調べると、実情はおよそ次のようなことだ。

百済側では協定により任那へ送る鉄鋌が大幅に増えるので、これまで細々と製鉄していた谷那鉱山に工場を新設して鉄を生産し、更に鉄鋌作りまで行う新設備が完成していた。

しかし何時まで経っても新しい製鉄工場で作る塊鉄も、肝心の鉄鋌の方も品質の良いものが出来ない。その原因や責任を巡って職人同士の争いまで起り、残念ながら今は鉱山全体が混乱し、任那へ渡す鉄鋌が作れない状況になっている。外から新しく優秀な鉄職人を雇って設備を稼働させようとしたが、百済より進んでいる周辺の新羅や任那では、製鉄に関連する職人が他所へ行かないように厳しく取り締まっており、現在まで適任者を採用できなかった」。

ナカツヒコ王には、やはりそうかという事態だった。

「そこまで問題がハッキリ分かれば、今さら原因や責任を追求するより、両国が協力して解決策を見つけましょう。伽耶の鉄鉱山で働く職人の中には、新羅の鉱山で働いていた職人や、先祖が中国の漢や燕のヤマで働いた製鉄に詳しい職人も居るので、谷那鉱山の設備の悪い所を見つけて上手く動かせる者が居るかもしれない」。

その提案に高興博士が肯いたので、尚古王は少し不満ながらも賛成した。そこでナカツヒコ王は、

「谷那鉱山の再開を百済と任那が協力して進める場合、実務は良く知った職人に任せるにしても、両者間で問題が起きた時うまく処理するまとめ役が必要だ。その仕事を今こちらに居る息子ホムダワケにやらせて欲しい」と提案した。

そんな大役を、まだ若く苦労を知らないホムダワケに任せて大丈夫か…。危ぶんだ尚古王は周りを見渡したが、誰も反対しないのでしぶしぶ承知した。

実は会議の前にナカツヒコ王が高興博士に会い、

「このまとめ役をホムダワケにやらせたい。うまく行けば尚古王の心証が良くなり、ジミレ王女との話もきっとうまく行く」と、協力を依頼していたのである。


ホムダワケは戻って来た父からその話を聞き、

「色々ご心配かけて申し訳ありませんでした。谷那鉱山の件では、百済も任那もこのまま放置する事はできないでしょう。しかし私にその大役が勤まるでしょうか。いまの私は谷那鉄山のある場所も、鉄鋌の作り方も、何故今作れなくなっているかも全く知りません」。

どう考えても無理なこの役が少し怖くなっていた。

「たしかにお前は鉄のことを何も知らない。しかし自分が鉄を知るのでは無く、鉄のことを良く知る者たちを見つけ、彼らがうまく働くようにするのがお前の役目だ。少し前だが、南朝鮮一体で評判の新羅の皇城洞に居たカラノヒボコと言う男が伽耶に来てから、伽耶でも品質の良い鉄ができるようになった。いま新羅と百済は敵味方になっているが、良い鉄を作るには敵も味方もない。今度お前が谷那へ行く時そのカラノヒボコを連れて行き、先方に彼のやり方を教えればきっとうまく行く」。

「少し気持ちが楽になりました。私はその男を谷那製鉄へ連れて行き、うまくやるよう支援します」。

「その覚悟でやれ。任那は一日も早く百済の鉄鋌が欲しい。わしはこれからすぐ伽耶へ寄り、鉄職人のカラノヒボコが百済の息子の仕事を手伝ってくれるように周りを説得する。お前はしばらくここで待って用意しておけ」。

一月ほど後に、カラノヒボコが百済に到着した。足を引きずり腰の曲がった老人で、長年の製鉄や鍛冶の仕事で痛めた眼は少し不自由そうだが、意外に快活ですぐ打ち解けて冗談交じりに話した。同行者として、百済で谷那鉱山の改造を計画した役人も加わって現地へ出発した。

谷那鉄山は漢城から船で漢江を数日上った所で、別の支流・南漢江に入って少し上った辺り（現在の忠清北道忠州市弾弓台土城付近？）にあった。

漢江、南漢江の船旅で三人は親しくなり気楽に話し合った。百済の役人は今度の鉱山の改造の狙いと、上手く行かなかった状況を次のように説明した。

「百済では任那との協定で、任那に大量の鉄鋌を供給するのを契機に、百済の各地の鉄鉱石の山元で別々に製鉄するより、一カ所に集中して製鉄から鉄鋌作りまで一貫して行う事になった。そこで数年かけて、谷那鉱山の百歩程下の川沿いの平地に各地の鉱山から鉱石を運んで来る港を建設し、港の脇に製鉄炉を建設し、作った塊鉄《かいてつ》を上の工場に運んで鉄鋌を作って出荷する。職人は谷那鉱山に居た鍛冶職人を二手に分けて、一方を上の鉄鋌製造炉に他方を下の製鉄炉に当て、職工は適宜現地で調達することにした。こうして設備が完成しその設備を使って鉄づくりを始めたが、何度やっても品質の悪い鉄しか出来なかった。

漢城の役所から鉄鋌を早く任那へ送れと催促されるので、工場の現場はこれまで以上に忙しく働いた。しかし出来た製品は不良と責められ、職人たちは互いに相手の工場のやり方が悪いと争うようになり、遂に全工場が動かなくなった。折角手がけた仕事がこんな形で中断し、捨て置かれるのを見て本当に残念でやりきれない」と力なく呟いた。

カラノヒボコは若い役人の肩を軽く叩いて慰めながら、

「そう腐りなさんな。どんな良い計画を立てても、ただ相手に押し付けるだけでは上手く行かんよ。あっさり諦めないで、どこが悪いかどんな問題があったか見直す良い機会を貰ったと思いなさい。一歩一歩改善して行けば、きっと良い製鉄所になるよ…」。

さらにカラノヒボコはこれ迄の製鉄現場の経験を振り返り、まだ見ぬ百済の製鉄現場や働く職人たちの仕事に思いを巡らせながら、

「私はこれまで五十年以上、新羅や伽耶の鉱山で鉄に関わる仕事をしてきた。若い時から今日まで鉄を作り、鉄を使って武器や農具を作る鍛冶など色々やって来た。一口に鉄の職人と言っても、製鉄と鉄鋌作りと鍛冶とでは、やることも違うし職人に必要な知識や技術も違う。鉄職人の働く場所は悪く作業もきつい、もういやだと思いながら今日まで続けて来た。しかし苦労があるだけに最後に上手く行った時の喜びも大きく、小さな事でも気を抜けないが、非常に奥が深く面白い仕事だ。

これから谷那鉱山の現地へ行き、折角作った設備にもう一度命を吹き込もう。いまのやり方のどこに問題があるのか、職人一人一人に聞いて詳しく検討する。すぐ良い結果が出なくても良い、彼らの言い分も聞いて、やり方のまずい所を一つ一つ直して行く。急がば回れだ」。

目指す港で船を降りると、見渡す限りまばらに立ち枯れた木が残る山が連なり、その谷底に人気の無くなった工場建屋が夏草に埋もれて散らばっていた。

工場長という男が出て来たので、百済の役人が自分たちの来た目的を説明して、明日は今後の進め方を説明するから、工場停止で休んでいる職人たちも全員を呼び集めるように云った。

翌日集まった職人たちは、カラノヒボコがどういう男で、何を言うか、彼のさえない容貌からすぐ、自分たちと同じ仕事仲間と判ったが、敵なのか味方になるのか、不安と興味が入り混じっていた。彼の長年新羅や任那の製鉄で苦労して来た話を聞いている内に、どうやらこの老人には裏表が無く、付いて行っても良さそうと思ったらしく、その場の雰囲気も次第に和らいで行った。

訪問した三人は次の日から、下の工場から上の工場へ順次訪れて、仕事の流れに沿って担当者から実情を聞き、不明な点を質問して回った。主役はカラノヒボコで、職人たちも始めは、どうせよそ者と気乗りしない説明でお茶を濁そうとしていたが、次々と浴びせられる鋭い質問にたじたじとなり、いかに自分たちが漫然と仕事をして来たかを知らされて、反省する者も出て来た。

こうしてカラノヒボコらの各場所における作業実態の聞き回りが一段落すると、工場長をはじめ職人、裏方を担当する人間を集めて、今後どのようにするか説明した。

「多分、今の設備を大幅に作り変える必要はない。

ただ炉の肝心の所で高い温度の炎が出るように、窯の形状、特に吹子で外から風を送る穴の位置や角度、太さなどを色々作り変えてやってみたい。ここには新式土器（須恵器のこと）の窯作りの名人もいるというので、その男とも相談して進めたい。小さな改修や部分的な設備追加など細かい見直しや変更については、私が直接その職場の人間と相談して、必要な費用や期間を加算して今後の日程を作ろう。

変更が済んだ所から、部分的に動かして確認し、遂次周りの幾つかの設備と組み合わせて、さらに設備全体を動かして動作を確認して行く。一方で工場が安定した生産を続けられるよう、各設備別に担当する職人を決めて指導・訓練を行う。生産全体が上手く行くには、もうしばらくはかかるだろう」。

工場長は大幅な変更は無さそうと聞き、ひとまず今後の目途が立ったのでホッとして、

「このままで半年も経てば、働いていた職人も蓄積した技術もばらばらに散って、生産を再開するのは難しかった。再開するなら早い方が良い。今ならまだ職人たちがこの辺に残っているから、声をかければ喜んで戻って来る。明日からは私も工場の現場に入って人間を集め、改造作業が始められるよう準備します」。

カラノヒボコは工場の方が一段落すると、ホムダワケと百済の役人を連れて、谷那鉱山へ鉄鉱石や木炭を供給する山の現地を順次訪ねて、どの位の量を此処の港へ船で送り込めるか、長く安定した供給態勢が出来ているかを見て回った。

「原料の鉄鉱石や木炭を採収する山から、川船で運んで谷那鉱山でまとめて製鉄する。

鉄鉱山では当分掘り続けても鉱石が尽きてしまわないか。選鉱工程で鉱石に混じった土や岩石を除くのに大量の水で流しているが、水と一緒に流す大量の土砂が下流にたまると農地が荒れ、農民たちから目の敵にされる。その対策も必要だ。木炭を供給する山を新たに見つけて分散しても、無計画に切って

行くと山はすぐ丸坊主になる。山の木を全部一度に切るのではなく、製鉄用の木炭として使える木を選んで切り、その時切り株を残して翌年は新芽が出て木が育つようにするなど、運転を長く続けるよう心掛けなければならない」。

外部を回った後はまた谷那工場へ戻り、設備を改造する過程で新たに出て来た問題について話し合った。新たに発生した問題もすぐその現場へ行き、直接当事者と我慢強く話し合うようになった。


一年後の秋、谷那製鉄は活気に溢れていた。

大きな建屋内は特有なにおいの煙が立ち込め、大勢の職人や労務者が動き回り、叫び声や槌音が飛び交っている。カラノヒボコ老人は騒然とした雰囲気を吸ってますます元気に動き回り、百済の役人のホムダワケへの現場案内にも熱が入る。

「谷那製鉄では、下の工場で従来通り、鉄鉱石と木炭を混ぜて『塊鉄炉《かいてつろ》』という炉に入れ、ゆっくり時間をかけて熱する。炉の底では鉄と不純物が融けて流れ落ち、少し冷えると不純物は層状に堆積して、下にガスが出た後の鉄が軽石状に沈殿して固まります。まだ高温の内に軽石状の鉄を取り出し台に乗せ、職人が鎚で叩くと鉄の隙間に残っていた液状の不純物が飛び出し、後に黒い塊が残る、これが塊鉄です。

この塊鉄を上の工場へ運んで、『炒鋼炉《しょうこうろ》』という新型の炉で、一度に大量の鉄鋌用鉄を作るのが谷那鉱山の特長です。

炒鋼炉では、まず吹き抜けの炉の上方から原料の木炭と塊鉄を交互に投入して層状に重ね、炉の下方に火をつけて、両脇からフイゴで風を送って燃やすと高温で塊鉄が溶けて下に落ちる、炉の上方が空いたらまた塊鉄と木炭を投入する、これを繰り返す。こうして溜った溶鉄がある量に達したら職長は傍に置いた秘伝の灰砂を撒いて、溶鉄を鉄鉾でかき混ぜつつふいご役に全力で風を送らせる。

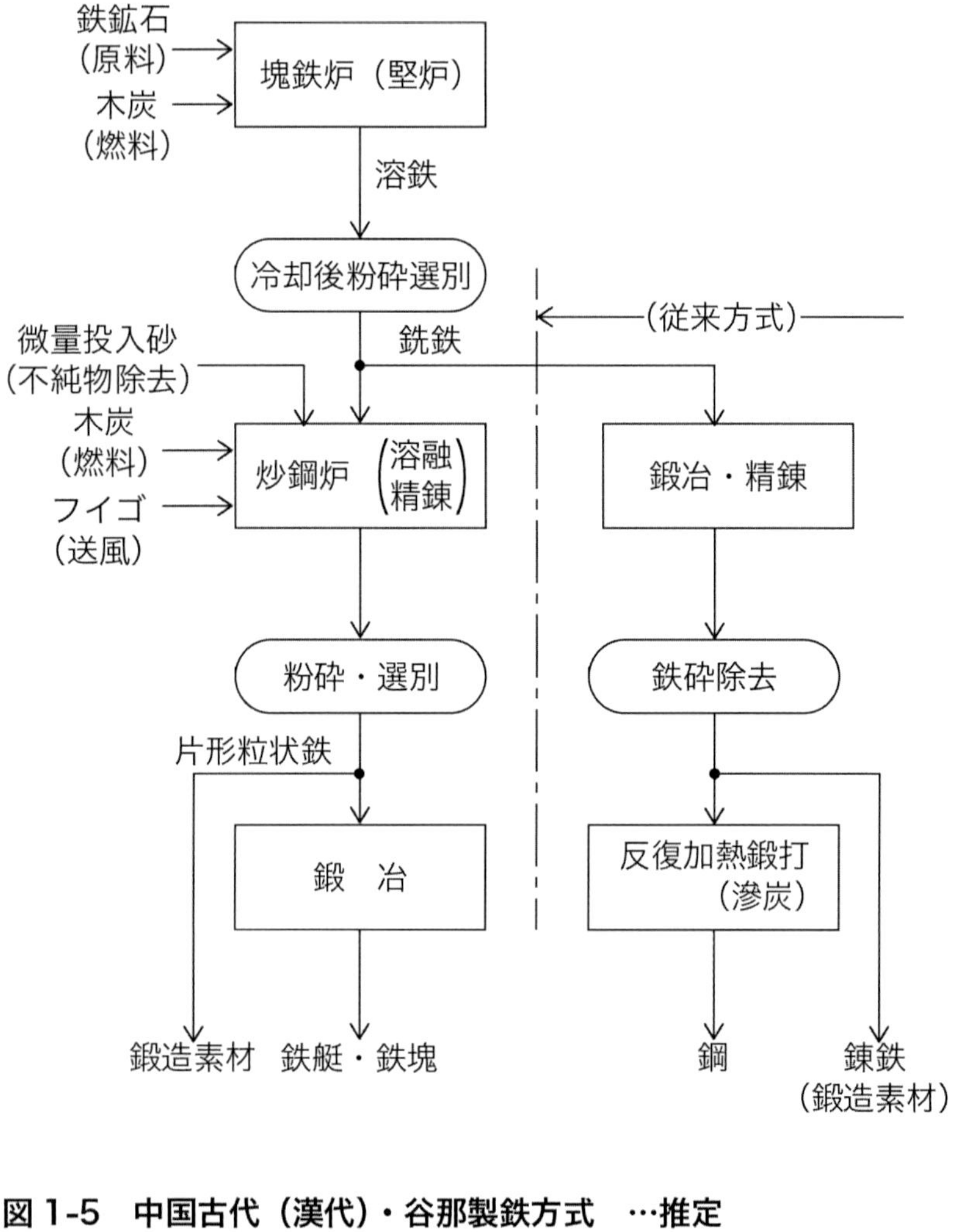

図 1-5　中国古代（漢代）・谷那製鉄方式　…推定

塊鉄炉：現代製鉄の溶鉱炉に相当
炒鋼炉：現代製鉄の平炉転炉に相当
鍛　冶：更に熱処理・加工して目的に合う硬さや強靭性を得る。

赤色だった溶鉄がやがて白く光って来たら、ふいごの送風を止め、炉の側面の残滓口を一気に開けて滓を掻き出し、炉の中に残った溶鉄が冷えるのを待つ。ふいごの風を炉へ導く管の構造やふいご穴の数とその位置、大きさなどが重要だ。職工たちの仕事は、風の強さを調整する職長の指示に従い、ふいごを踏んで風を送り続ける過酷な作業だ」。

「職長が最後に撒く秘伝のような灰砂は何ですか？」

「溶けた鉄にはまだ雑物が含まれている、灰砂と混ぜてその雑物を吐き出させる。職長は長年の経験や勘で、鉄鋌の用途に合わせて灰砂の種類や量を調整している」。

大きな設備の周りでは各箇所で職人がキビキビと働いて、なにか崇高な神事が行われているようだった。

「ここの作業を口で説明するのは簡単だが、難しいのは炒鉱炉の底の穴を塞ぐ煉瓦を突き破る頃合いだ。早すぎると途中で鉱さいが混じって固まるし、遅すぎると高温の鉄まで流れ出て炉体をダメにする。その頃合いはこんな風に教える。『炒鋼炉の底はホト（＝女陰）だ。煙の奥で溶けた鉄の赤い色が輝く白色に変ったら、すぐ目を逸らし、手に持つ鉄棒の鉾先を、ホトに突っ込み奥の穴をつき破れ！』と。

職人たちは幾日も激しい作業を続け、襲ってくる眠気に堪えて脳天までしびれるその瞬間を待っている」。

炒鋼炉の中の鉄が冷えない内に取り出し、隣の金床《かなとこ》（鉄製の台）の上に置くと、別な職人が左手に先の尖った鏨《たがね》を持ち、右手に持つ大鎚《つち》を渾身の力で振り下ろし鉄の塊を切り分ける。次の職人がその鉄片を、再度ふいご付きの炉に入れ柔らかくし、鎚で叩いて決められた形の鉄鋌に仕上げる。

隣の建屋では、客に頼まれた品を作る小鍛冶の工房を見た。ちょうど尚古王から依頼された太刀を作っていた。中国の東晋から贈られた太刀と同じ太刀を作るため、一片の鉄鋌を取り出して太刀の穂先部を長く伸ばし、伸びた所の両側に三本ずつ小枝をつけた鹿の角のように形にして行く。これは武器というより王の威厳を示す飾りの太刀らしい。

数人が交互に踏むふいごに合わせて、炉の周りは明るく輝き熱線が拡がる。加治工は金挟みで炉中から赤く輝く鉄片を取り出して台の上に乗せ、両側から交互に大鎚を振り落して鍛えながら太刀の形へと整えて行く。大きな音、飛び散る火花の異様な雰囲気の中で職長は冷静に指揮している。一点に集中して共同作業する男たちの間には厳しい緊張感が張りつめていた。

隣には小型の炉があって、刃のついた鉄の小物を職人独りで作る鍛冶場があった。神業の様に足でふいごを操作し、右手の小鎚で左手に挟んだ赤く焼けた金属片を金床上で叩き、仕上りを見ながら完成させて行く。

鍛冶職人は大工用の刃物、稲作農具から料理用の包丁まで色んなものを作っていると聞き、ホムダワケはジミレ王女が白く愛らしい手で鋏《はさみ》を握り布や糸を絶つ姿を思い、

「布や糸を切るのに使う鋏（和式ばさみ）を作れるか？」。

「鋏は握る力とその咬み合わせの調整が難しいが、以前鋏を作った職人が居るので頼めばきっと作れる」。

「では自分用に小さな鋏を一個作ってくれ」と頼んだ。

長い現場説明は終わっても、百済の役人は話し続けた。

「鉱山の仕事は本当にきつくて大変だが、一度入った人間は何故かそこから抜け出せない。私も、一年近くカラノヒボコ老人について回っている内に、すっかり鉄の魔力に取りつかれた。私は今後この仕事を専門とするのでアメノヒボコと名のることにした。

一方で俺は大失敗してしまった。先日、久しぶりに家に帰ると、同居していた女が見知らぬ男とねんごろになっていた。それを見て俺はカッとなり、その女を殴り、髪を引っ張り、大声で怒鳴りつけた。

倭から来た阿加流比売《あかるひめ》という女は、「長い間私を放っておいて、やっと帰って来るなり、いきなり何さ…」、と啖呵を切って、男と一緒に倭へ行ってしまった。

俺はこの一年、あんたと一緒に一生懸命やって来てこの鉱山を再開できた。お蔭でこれ迄知らなかった鉱山《やま》の核心の知識を身に着けたが、女には逃げられてしまった。

もう谷那の鉱山に未練はない。間もなくここに区切りをつけて倭へ行く。アカルヒメもきっと倭のどこかの鉱山に居るだろう。今の俺は倭のことは何も知らないが、倭の山をあちこち探し歩き彼女を見つけて一緒に暮す。お前さんもいつか倭へ行くだろう。倭でアカルヒメに会ったら、高い山に登り天空に向かって大声で俺の名を呼んでくれ。その叫び声を聞いて、俺はきっと駆けつける」。

その夜は再出銑を祝う大宴会が開かれ、喜んで参加した。現場の隅の方に会場が出来て、大勢の男たちは盛られた山海の産物を思う存分頬張り、心行くまで酒を飲んだ。やがて彼らは勢いに任せて輪になって踊り歌いだした。脇の者は音が出るものを叩き、合わせて叫び声や手拍子を重ねる者も居て、周りは狂ったような騒音に包まれた。

谷那　かな山　火の山だ
風は吹く吹く
火つぼはたぎる
トコトウトウ
トコトウトウ

気が付くと、あれだけ大勢居た人間が次々と帰って行き、ホムダワケとアメノヒボコの二人ががらんとした作業場の片隅に腰掛けて、取り残されたように話し続けていた。夜が更けると、炉の残り火の僅かな明かりも温もりも心細くなり、背中から降るような寒さが迫ってきた。

五章　ホムダワケの結婚　…祝宴と帰郷…

ホムダワケらが谷那鉱山の製鉄再開に取り組んでいる間も、百済・倭の連合軍は高句麗との戦いを有利に進めていた。

三七一年、高句麗の故国原王は大同江を越えて再び百済を攻撃したが、遠征した高句麗の大軍は思わぬ所から現われる敵の抵抗に進軍を阻まれ、やがて全軍に怖じ気が波及して退却するのも早かった。故国原王は狼狽し逃げ惑う自国兵の流れに飲み込まれ、平壌城へ逃げ込む寸前流れ矢に当たり、落馬した所を切られ死んだ。王を失った高句麗軍は、王が長年朝鮮北部平野に築いてきた平壌城を捨て故郷に近い山奥の丸都城（国内城）へ退却した。連合軍側の勝因は尚古王が高句麗攻めに備えて倭と協定を結び、東の新羅を牽制させると共に、倭のナカツヒコ軍を直接高句麗攻めに参加させたことにあった。

故国原王を討ったのは倭軍の矢らしいと噂が立つと、尚古王は初め戦果を横取りされたと気分を害した。しかし従来の百済の戦力しか知らない高句麗にとって未知の倭軍の奮闘は想定外で、今後その倭軍を味方につけて一層強くなった百済へ安易に侵入しまいと思い直し、噂の立つに任せた。

百済皇太子が率いる遠征軍は、年末には意気揚々と漢城に凱旋した。予想以上の勝利に喜んだ尚古王は、三七二年中国の正月の賀に間に合うよう南朝・東晋へ朝貢使を派遣した。東晋には、百済が朝鮮半島を統治する大国と認めて貰い、かつ不倶戴天の敵・高句麗を牽制してその南下を阻止する役目を期待した。東晋は百済が朝貢により新たな冊封関係に入ることを喜んで、記念の金印を与えると共に、両国の永続的な繁栄を祈念して、眩いばかりの『七支刀』と幾つかの銅鏡を下賜した。

尚古王はこの際倭・任那と正式に同盟関係を結び、その記念として東晋から下賜された七支刀と同じものを、百済の技術で一振り作って贈ることにした。高句麗戦での勝利と中国・東晋が百済を半島の大国と認めてくれた喜びを、同盟関係に入った相手と分かち合うためである。

太刀の長さは二尺五寸、刀身から鹿の角のように左右に三本ずつの小枝が出る独特の形から『七支刀』と呼ばれた。両刃の刀身の表と裏の中央部に剣先からつかまで、豆粒ほどの眩い金錯象嵌《きんさくぞうがん》（金属の表面に金製の文字をはめ込む方法）を施した、合せて六十個の文字が並んでいた。

刀剣の本体は再開された谷那鉱山で百錬の鉄を使って作り、太刀の文字の彫刻や金錯などの高度の細工は宮廷工房に居る中国渡来の職人たちが行う、両国の繁栄と永続的な協力関係を祈る文章は高興博士が担当した。

図1-6　七支刀（奈良県天理市の石上神社所蔵）

出典：フリー百科事典『ウィキペディア（Wikipedia）

気持ちを高揚させていた尚古王は、高興博士に今百済に滞在中の任那王の息子ホムダワケが短期間に谷那鉱山を再開させたことを評価し、相思相愛のジミレ王女と一緒にさせるべき、と提案されてビックリした。わしは何も知らなかったが王女はどこでその男と知り合い、短い間に愛し合って結婚する気になったのか。王女が百済に居なくなることは絶対に避けたい。今からでも遅くないと王女を部屋に呼んで、彼女の気持ちを直接聞くことにした。

王は、久し振りに会った王女がすっかり美しく、大人になっているのに驚いた。ホムダワケとの仲に冷や水をかけて王女の気持ちを乱すため、悲観的なことを冗談めかして言ってみたが、少しもその手に乗って来ない。もうハッキリと覚悟を決めているようだ。

王はしばらく無言で娘を見つめながら、王女の母の亡くなった妃と共にその成長を喜べない事を残念に思った。妃はかつて王が滅ぼした馬韓王の娘で、ジミレ王女を生んで間もなく亡くなった。そんな事情から百済の宮廷で淋しく育ったジミレ王女が、任那から賓として来ていたホムダワケの淋しい境遇に共感し、自然に惹かれるようになったのだろう。そう考えると王女の思い通りにさせてやるのが、亡き妃に対するせめての罪滅ぼしかもしれない。

あの若者は特に武勇に優れているとは思えないが、自然に振舞っていて相手を信頼させる不思議な性格の持ち主らしい。将来に渡り百済と任那との間を結びつける役に立つと、博士がいうのもうなずける。

尚古王は気持ちを切り替えて、しぶしぶ博士の提案に従う形を見せながら、任那王ナカツヒコへこれまでの両国の協定を更に強化するため、二国間の協力を同盟に変更すること、そのために貴国のホムダワケ王子と百済のジミレ王女の縁談を進めたいという事にした。

一方ナカツヒコ王・任那には、百済が長期的な鉄鋌支給を保証する、同盟の長期化は望むところであった。また二人が一緒になることを望んでいると始めて知った形にし、こちらは特に反対する理由はないが、今のように任那だけが百済へ賓を送る事は、この際変更したいと返答した。


百済の宮殿の大広間の中央の大卓の上に、一方は東晋王より下賜された大太刀と鏡が、他方は対応して百済で製作された太刀と鏡が飾り置かれ、それを囲む形で片側には尚古王以の百済側の将たちが、反対側には任那王ナカツヒコを挟んで高句麗と戦った功将たちが威儀を正して並んだ。

待臣が、全員が集まり準備ができたと告げると、尚古王はおもむろに立ち上がり東晋から下賜された太刀を取って頭上高く振り上げた。そして顔面には長年の願いが成った満足感を浮かべつつ、下賜された品々を説明し、高句麗戦を共に戦った任那への感謝の意を述べた。

「この七つの枝を持つ奇妙な太刀には不思議な霊力が宿っており、持つ者に百戦百勝と長寿を約束するという。私はこの太刀を東晋の皇帝に下賜された日から、是非同じものを百済で作り、共に戦った任那王へ感謝をこめて贈呈したいと考えてきた。以来半年余を経て、ようやく満足する太刀を得た、ここに百済王より倭王へ贈る。太刀の刀身には、繁栄が永遠に続くことを願う文面を金の象嵌で埋め込んである。では高興博士、金銘された文を読んで説明されよ。」

博士は中央に歩み出ると、卓上に飾られていた百済製の七支刀を手に取り、刀身表面にまばゆく輝く金で象嵌された文字を、一字ずつ区切って読んだ。

泰和四年五月十六日丙午の日、正陽の時
西暦三六九年五月十六日良き日、運気みなぎる時刻に
造す百練の七支刀出辟百兵
鍛錬を百回も繰り返し造ったこの刀は出でて戦えば百兵を避けうる
恭々たる侯王が佩びるに宜し
誠に礼儀正しく丁寧な倭王が帯びるに相応しい
永年にわたり大吉祥であれ
今後も永年わたり大いにめでたく繁栄あれ

そこで博士は太刀を持ち替えて、裏面を読み続けた。

先世以来、未有

未だこのような（立派で呪刀が強い）刀は無い

百済王世子生を寄せる聖晋

百済王と皇太子は生を聖なる晋の皇帝に寄せることとした

故為倭王旨造伝示後世

その主旨を倭王と共有する為に造る永く後世に伝えて示めせ

博士は持っていた刀を両手で高く差し上げ、目を閉じ額ずくように祈り、刀を持ち替えて両手で恭しく尚古王に渡した。尚古王は改めて任那王ナカツヒコをそばに招いて、感謝の言葉を添えて太刀を差し出すと、任那王は恭々しく太刀を押し頂いて儀式が終了した。

そこで尚古王はにこやかな顔に戻り、一同に向かい台上に用意された酒や食物を取って、自由に飲食し歓談するよう勧めた。大勢の会話がしばらく続いた。一段落する頃合いを見計って任那側の席からナカツヒコ王が立ち上がり、尚古王の招待と素晴らしい七支刀を贈ってくれた好意に感謝の意を表した。そして半島ではまだ知る人の少ない任那が、百済と連盟を組むに至った経緯とその意義を説明した。

「わが任那は百済の南、新羅の西の加羅十国の内の一つです。

加羅は古くからその地で田畑を耕し米や麦を作る農民や、半島各地や中国から製鉄や織物などの技術を持つ人たちが集まって作った国から成る。任那の国は洛東江の河口にあり、我々の祖先が海の向こうの倭での戦いを逃れ、その地に来て作った国です。

いま任那は他の加羅諸国が作った鉄と倭国の産物との仲介や物の運搬を生業としています。所が東隣の新羅は、倭と任那との間の従来からの取引を無視して、加羅の鉄を入手しようと攻めて来ました。任那と加羅は、これまで協力して隣国の新羅と戦ってきました。百済と同盟する目的は、百済が高句麗と戦う時には協力する代わりに、任那が新羅と戦う時には百済が支援するという相互的な関係です」。

そこでナカツヒコ王はホムダワケを側に呼び、その首飾りの先を指さして、

「これは祖先から、正装する時には身に着けるよう言われていたもので、最近までその由来を全く知りませんでした。所がこちらの高興博士に依ると、この飾りは表面に『親魏倭王』とあるので、魏王朝に倭が朝貢した時、下賜された金印を模して作ったもので、その事から今は加羅の隅にある小国に過ぎない任那は、百年ほど前に倭国全体を代表して、中国の漢や魏へ朝貢した先祖を持つことを知りました。

今後我々任那は光栄ある先祖に負けないよう、百済と協力して半島における強固な地位を確立して行きたい。折しも、ジミレ王女とわが息子ホムダワケとがめでたく結婚することになり、百済と任那との同盟を一層緊密かつ永続的にするのに役立つと考えています。双方の国の方々が、この二人に一層のご支援を下さるようお願いします」。

言い終わって頭を下げる父・ナカツヒコ王を見て、ホムダワケとジミレ王女も頭を下げた。百済側で

も尚古王と世子（後の仇首王）も合わせて頭を下げた。周りに並んだ双方の従者たちも笑顔になって、一斉に拍手してこれを称えた。

続いて両家及び二人の縁固めの祝賀宴に入った。二つの国の間で色々骨を折られた高興博士が、若い二人と両家のますますの発展を祈念して、中国の詩経・周南にある『桃夭《とうよう》』を詠って祝した。

桃之夭夭　桃の木々の若々しさよ。
灼灼其華　燃えるように盛んに咲く花よ。
之子于嫁　嫁いでいく子はその花のように若く美しい
宜其室家　その嫁ぎ先にふさわしいだろう
桃之夭夭　桃の木々の若々しさよ。
有蕡其実　たわわに実る桃の実よ
之子于嫁　嫁いでいく子はその実のような子宝に恵まれる
宜其家室　その嫁ぎ先にふさわしいだろう
桃之夭夭　桃の木々の若々しさよ
其葉蓁蓁　盛んに茂る桃の木の葉よ
之子于嫁　嫁ぎ行く子はその葉のように栄える家庭をもつ
宜其家人　その嫁ぎ先にふさわしいだろう

盛り上がる花嫁側に対抗して、任那王ナカツヒコの侍臣として参列していた葛城ソチヒコが起ち上ると、ホムダワケに向かって七支の太刀を佩いて、その辺を歩いてみろと言った。サチヒコは百済でも、今度の戦で高句麗王を倒した強弓の持ち主と噂されていたが、ホムダワケの歩く姿に和して、声高らかに『太刀誉め』の歌を歌った。

ホムダの　倭のみこ　　ホムダの倭の王子
ホムダワケ　ホムダワケ　　ホムダワケ　ホムダワケ
佩かせる太刀　　その身に佩《おび》た太刀は
本つるぎ末ふゆ　　本は切れ味鋭く先細く揺れ撓う
冬木のすからがしたきの　　冬木の葉の無い幹の下樹なして
さやさや　　風に揺れてさやさやと』

古事記　仁徳記（一部変更）

葛城ソチヒコの素朴で力強い歌声のお蔭で、ようやく倭・任那側の意気も盛り上がって、中には喜んで一緒に歌い踊り出す者もいた。

百済と任那の協定から同盟への発展的延長及び、ホムダワケ・ジミレ王女の結婚を祝う儀は、友好的な雰囲気の内にめでたく終った。

翌日、任那のナカツヒコ王とホムダワケは尚古王へお礼の挨拶に行き、若い二人の今後の住まいと仕事については、次のように決まった。「ホムダワケは百済の賓としての待遇から解除され、任那の受け入れ準備ができ次第、結婚したジミレ王女と共に任那へ移る。そして任那の国に戻って然るべき地位に就く」。

今後同盟をさらに強化継続する件については、「二人の間に生まれた男子を賓として百済に預ける。対応して百済から然るべき立場の賓を任那へ送る」。

身辺が少し落ち着くと、ホムダワケはジミレと共に尚古王を訪ね、近日中に任那へ移って二人で新しい生活を始める決意を伝えた。

「なるべく早くという気持ちは分かるが、お前が一人で漢城へ来た時と違い、百済王女のお輿入れの意味もある。ジミレが連れて行く侍女や手伝い女を選び、彼女たちが持って行く家具や衣服などの準備にもしばらくかかる。また任那でも二人の住居などの受け入れ準備や、百済から任那までの道中の付き添い、行列の警護などの用意が必要になる。百済の方は私から部下に命じて準備させるが、任那の方にも私の意を伝えて準備を進めてくれ」。

続いて高興先生の部屋を訪ねた。

「お前が漢城へ来て約五年、教育係のわしは多くの書を選んで説明してきたが、ナカツヒコ王や尚古王が望んだように、いやそれ以上に良く理解してくれた。また積極的に人々と交わり多くの経験を重ねて、立派に成長したことを喜んでいる。最後の授業として、任那と倭の将来について考えて見たい。

あらためて倭とか倭人とは、何か。

最初に読んだ「魏志倭人伝」には、海の向こうに大小幾つかの島があり、実態は良く分からないが、多くの国があると書かれていた。朝鮮や中国の人々はそこに住む人々を漠然と倭人と言い、彼ら自身も倭人と思っているようだ。また朝鮮半島の任那の人々も自分達が倭人であり、朝鮮の百済や新羅の人々とは違うと考え、海の向こうの倭人と親近感を持って交易をしている。

中国大陸では昔から強力な統一王朝が出来るが、やがて大旱魃や、北の遊牧民族の侵入、民衆の反乱が起って衰退し、その盛衰の余波は直ちに朝鮮半島の北端に及ぶ。

近年そこに住む高句麗の南への侵入に対抗して、馬韓や辰韓では合併・統一された百済や新羅となり、弁韓では小国同士のゆるい集合体・加羅が出来た。任那が属する加羅諸国は全て弱く頼りないので、今後ますます激しい戦いを続けるこの地での存続は難しいだろう。一方倭の諸国は、今後も中国や朝鮮の国々が海を越えて攻め来るまで、用意する時間があるので、対抗できる国に作り変えて行けるだろう。

従って任那の将来は、海の向こうの倭の諸国と如何に連携して行くかにかかっている。任那と倭の諸国が今のような緩い交易関係を越えて一体化を進め、任那の進んだ技術や鉄製の道具を使って、双方協力して倭の地を拡げ多くの人の住む強い国に作り変えるべきだ。さもないとお前たちの子孫は、きっと

「貴方はこれから任那へ行き、さらに海の向こうの倭の諸国と任那との統一を実現すると共に、つねに朝鮮半島・諸国の動き、更には中国の状勢を油断なく監視して自国が有利になるように行動しなさい」。

ホムダワケはこれまでとは違う、高興博士の大勢を見すえた熱弁に感動しながら聞いていた。


最後にホムダワケとジミレ王女は、皇太子宮へ別れの挨拶に訪れた。

「遅ればせながら、お二人の結婚おめでとう。

ジミレは住み慣れた百済から任那に行くようだが、それほど遠くはないし、百済のような宮廷の人々との難しいつきあいが無くなるので、ジミレの性格には合っているかも知れないね。

百済では、父尚古王本人はまだまだ元気と思っているようだが、最近は年相応の衰えが見えているし、もしもとなれば宮廷内は大変な騒ぎになりそうで、私はいまから頭が痛い。ジミレはそんな騒ぎの無い任那で着実に生活を続けて欲しい。これから任那とは協力することも多くなりそうだ。


振り返えれば、私が年賀の宴で同じ卓で会話し、一緒に鷹狩りに行ったことが二人を結びつけるキッカケだから、私が一番の功労者というわけだ。

二人が真剣な仲にあると始めて知ったのは、用があってジミレの部屋を訪ね、ソーと近づいて行くと、ジミレは仕事台の前で熱心に男の衣装に刺繍していた。きっと私への贈り物を作っていると思い、寸法とか刺繍の色や形などあれこれ私の好みを言うと、これはこれで良いのですと言う。私宛でなければ贈る相手は誰か、身近な若者の名前をあれこれ上げて行き、最後に貴方の名前を言うと、やっと首を振るのを止めた。肝心の相手は分ったが、これは大変なこととため息を吐いた」。

「でもあの時お兄さんが頭から反対しないで、私の心配をしてくれたので、自分は一人ポッチで無いことを知って嬉しかった。

それから高興博士が色々相談に乗って下さったので、何とか自分の想いを通し切ることができました」。

「その後二人のことは何も知らずに、私は高句麗との戦いに出て行った。幸い大勝利を挙げて帰って来きたが、すぐまた中国・東晋へ遣使で行くなど、色々忙しかったのでお前の事を考えている余裕はなかった。それで先日、二人が結婚すると聞いて本当にびっくりした。何はともあれ二人で着実に愛を育て、父王も祝福してくれたのは非常に良かった」。

「お兄様、これまでのご親切とお心配り、本当にありがとうございました。もうすぐ私は漢城と別れて任那へ行きます。お父様のことはくれぐれもよろしくお願いします」。

任那へ出発するまで、しばらく二人は漢城の宮廷内で部屋を借りて新しい生活を始めた。この間まで同じ宮廷内とは言え、それぞれ別の部屋で相手を思うだけで、直接会って自分の気持ちを伝えられないもどかしさがあった。今は仮住まいで多少落ち着かないが、すぐ傍に王女が居て反応が帰って来る、そんな幸せを感じる日々だった。ジミレはこの間までの覚束ない日々を思い出して、

「私たちの仲はこれからどうなるだろう、先の分からない心配の毎日でした。そんなとき貴方から贈り物の鋏が届いたのです。鋏を手にして、貴方がずっと私の事を想ってくれるのを感じて、本当に嬉しかった。あの鋏は手触りもよく良く切れるので、取り出して使う度にあなたを思い出していました。こうして本当に、直接お礼を言える時が来て嬉しい。私はこれからも蚕を飼って生糸にし、布を織ったり刺繍をしたり続けて行きたいので、この鋏は何時までも私の脇で役立ってくれるでしょう」。

ジミレが心から織物に関わる仕事が好きで、これからも続けたいという気持ちが伝わって来て安心した。

しばらく体調の悪い日が続いて心配していると、幾分恥ずかしそうに子供が出来たようだと言った。

ホムダワケは嬉しかったが、それでは妊娠中に任那へ移動するのは危ないから延ばそうと言うと、健気にも

「私は多少の事は我慢できます。予定通り任那へ行きましょう」と答えた。

任那から迎えの人達が来次第、出発することにした。

第二部　倭の拠点・難波の開発

六章　玄界灘を越えて倭へ、難波へ

ナカツヒコ王はホムダワケ一家を百済から迎えるため、王の身辺警護をする大伴一族の若い大伴武以《たけもち》を百済・漢城へ送った。

重責を任された武以は張り切って、漢城へ到着すると直ちに百済の新王を訪ねて丁重に挨拶し、任那王からの贈り物を届けた。さらに高興博士などホムダワケが日頃世話になっていた人たちを訪ねて挨拶した。部下に指示してジミレ王女に付き添って任那へ移る予定の、侍女や間もなく生まれる赤子の乳母や手伝いの小娘の家族にも、無用の心配をさせないように指示した。武以の配慮と熱心な働きもあり、漢城での別れも任那行きの道中もすべて大きな問題なく、任那へ到着し用意された住居に落ち着いた。さらに王女が早く任那の暮らしに溶け込めるよう、最近任那で生糸作りや織物を始めた夕月の君の妻に引き合わせて、その仲間達と気楽に話せる機会を作った。ホムダワケはこうした大伴武以の働きに感謝して、父王に頼んで自分の付き人にしてもらった。よく気が利いて手際よく仕事をするし、自分とちょうど同じ頃子供が生まれたので話も合う。

ナカツヒコ王は、一家の主となって戻って来たホムダワケが一段と頼もしく成長している様子を見て、この際自分の倭に対する永年の思いを話しておこうと思った。
「若い頃わしは父王の指示で海の向こうの倭へ渡り、祖先が失った土地や住民を回復するために戦った。あちこち移動して激しく戦っている最中に任那から父王が亡くなった連絡が入り、戦いを中断して任那へ戻り父王の後を継いだ。以後この任那の地を強くして、加羅諸国や百済の鉄を海の向こうの倭に仲介する仕事に専念してきた。さらにいま任那は朝鮮で生きて行くため、百済と同盟して高句麗と戦っている。

しかし私の心の中では、海を越えて祖先の地を取り戻す戦いを優先すべきか、今後は専らこの南朝鮮の地で任那を強化、拡大する方が良いか、考えあぐねている。これからお前は私その悩みを共有し、協力して一緒に努めてくれ」。

「お話を伺い私も大人になった責任を感じ、これからは王の悩みの解決に共に当たるよう努めて行きます。所で私は先日百済で高興博士から長期的な視野から見た、朝鮮半島の国同士の激しい戦争の背景について伺いました。

強力な兵力を持つ北の大国・中国や高句麗は、陸続きで肥沃な南朝鮮の百済や新羅へ絶えず攻め込む機会を狙っている。任那はこの構図をよく知った上で百済や新羅とうまく協調し、その上で海を越えたヤマトと一体化して自らの国力を増強して行かないと、長期的に生き延びて行くのは難しいそうです」。

高興博士の話をさらに詳しく紹介すると「なるほど、博士は良く考えておられる」。父王は呟いて独り考え込んでいた。

ホムダワケは当面急ぐ仕事もないので、キビツヒコが新型の船を作っていると聞いて訪ねて行った。任那の巨済島の外海に面した渚でキョロキョロしていると、キビツヒコは建造中の船の蔭から「戻って来たか、待っていたぞ！」、大きな声を上げながら出て来た。近くに積んだ木材の端にホムダワケを座らせると、二年ほど前から自分らが試作してきた大海を渡る船の目的と、それがいかに素晴らしいか、自慢話を始めた。

「おれ達は一日も早く安定して大海を行き来できる船を作り、加羅の鉄鋌《てってい》や鍛冶職人たちを俺の故郷の瀬戸の内海に面した吉備津へ直接運びたい。

そうして吉備津に近い『穴の海』を埋め荒れ地を広大な稲田に変えて、新開地で使い易い鋤や鍬、外敵と戦える武具を作って、今よりもっと強く盛んな国にしたい。今は瀬戸の内海を通して行ける船が無いので、加羅の鉄鋌を船で日本海側の出雲の港へ運び、そこから陸路を人が担いで吉備まで運んでいる。出雲は隣の吉備が大国化するのを警戒して、送る鉄鋌をなるべく減らそうとし、運ぶ手間が大変だからと、余計な手間賃まで払わされている」。

「船の作り方は、これ迄の丸太をくり抜くだけの簡単な船を土台にして、その先端部（へさき）、両側面、船尾部（とも）に加工した厚板部品を組み付ける方法を、色々試作して来た。

鉄鋌で作った工具を使うとよく切れて素材の木を正確に加工出来るので、本体と厚板製の側板が上手く一体化して、隙間から水が漏れない丈夫な船を作ることができる。従来のくり抜き船に比べ船端を高くして重心が低くなるので、多くの荷物を積めるし横波に強くなるので船足も早くなる。

試作船が出来ると、俺は船子や船大工たちと一緒に乗って改良を重ねてきた。荷物の種類や漕ぎ手の人数に応じて船の長さや幅を変えるなど、最近ようやく満足できる船が出来た。

毎日新聞　2004年（平成16年）11月3日（水曜日）

古墳時代の「準構造船」出土

大阪・四條畷 蔀屋北遺跡　朝鮮半島との交流拠点？

大阪府教委は2日、同府四條畷市蔀屋《しとみや》の蔀屋北遺跡から、古墳時代中期（5世紀）の西都原式の準構造船の船底部分などが出土したと発表した。府教委によると、同じ形式の実物資料の出土は全国で初めて。蔀屋北遺跡は外洋航海できる準構造船を使って朝鮮半島と交流した拠点とみられ、「近畿の玄関口」だったらしい。【山田英之】

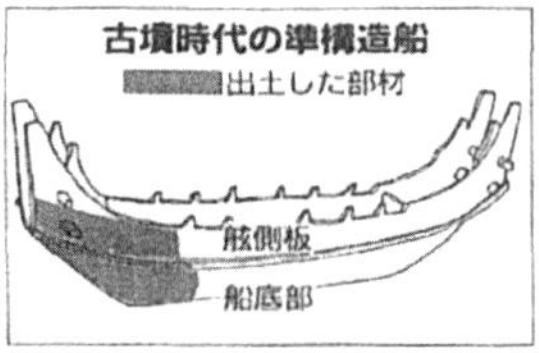

出土したのは、準構造船の船底部や舷側板（船の側面に付ける板）に使われた杉の木材11枚。船底部の木材のうち1枚は、長さ2㍍65㌢、幅96・5㌢、厚さ6・5㌢。船を復元した場合、全長10㍍程度の大型船になるとみられる。いずれも井戸の内部崩壊を防ぐ井戸枠に転用されていた。井戸枠付近で出土した土器などから時代を特定した。

蔀屋北遺跡は古墳時代、大阪湾に通じる河内湖沿いに位置。朝鮮半島製の土器など、朝鮮半島とかかわりの深い遺物が既に多数出土している。付近には、朝鮮半島から渡来した人たちやその子孫の集落があり、府教委は当時の人たちが大阪湾、瀬戸内海、対馬海峡を経て朝鮮半島を往来していたとみている。

現地説明会は6日午後1時。問い合わせは現地事務所（072・879・3156）。

白石太一郎・奈良大教授（日本考古学）の話　朝鮮半島との海上交通の実態を考えるうえで貴重な資料。北部九州の人たちと同様に、朝鮮半島から河内に渡ってきた人たちも、朝鮮半島との交易などを担っていたと考えられる。

準構造船　半分に割った丸太の内側をくりぬいた丸木舟を船底部にして、側面に板を付け積載量を増やした外洋にこぎ出せる古代の船。主に「西都原式」と「菩提池西式」がある。西都原式は5世紀の準構造船を代表する形式。舷側板を角材や棒で止めているのが特徴。菩提池西式は舷側板を板で止めている。丸木舟から、木材を組み合わせた本格的な船（構造船）に移行する過渡期の船で、弥生時代、古墳時代の出土例がある。

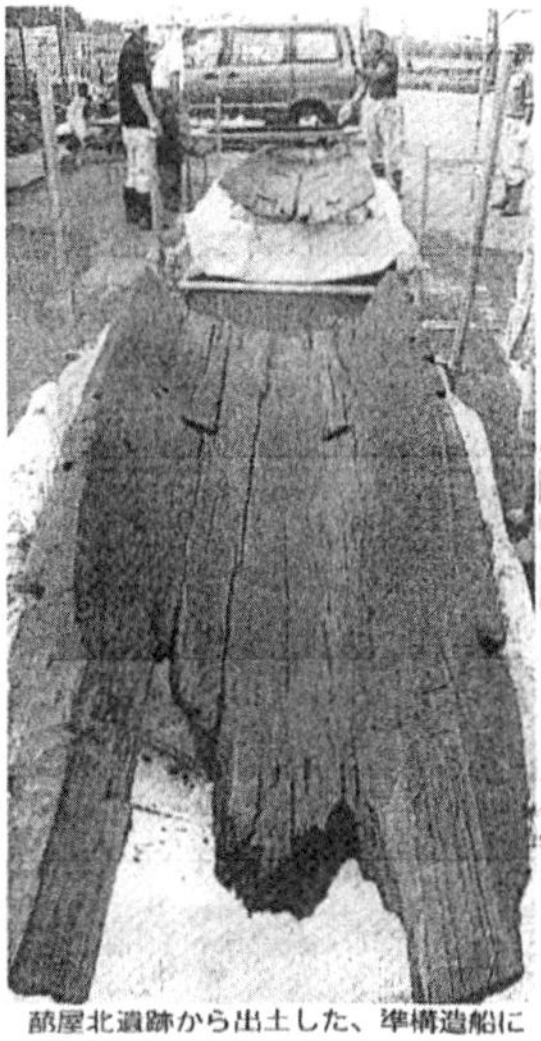

蔀屋北遺跡から出土した、準構造船に使用された木材
＝大阪府四條畷市で、貝塚太一写す

図2-1『準構造船』

出典：毎日新聞　2004年11月03日　大阪　朝刊

そこで先日倭へ行く新しい航路を探すのを兼ねて、海峡を渡って倭の北九州の港へ行って来た。従来の航路で任那からその港へ行こうとすると、少し手前の壱岐の島辺りできっと宿敵狗弥国が邪魔に入る。我々は彼らの目に届かない広い海を横切って、直接北九州の港へ行く航路を探して走ってみた。少しスリルはあるが、新型船なら新しい航路として使えそうだ。次はその北九州の港から先で瀬戸ノ内海に入り、故郷吉備の港へ行く航路を見つけようと思っている」。


ホムダワケが熱心に聞いてくれるので、キビツヒコは、

「もう少し詳しく先日の航海の話を聞かせるから付き合え！」、と言って二人分の飲み物を持ち、近くの休憩小屋に誘った、

「出発の前夜は、新しい船でいよいよ大海に出る時が来たという喜びと、本当に船は大丈夫か、明日の天気は、水、食料は……などの不安で遅くまで眠れなかった。

夜が明け港に出た。船大工、船頭や漕ぎ手の兵士など十数人乗りの大きな船だ。船頭の掛け声に合わせて各人がキビキビと働き、船が外海に進み出した時は涙が出るほど嬉しかった。

船の後ろの港、その人家が次第に小さくなり、やがて陸地は完全に消えて前を見ても後ろを見ても真っ青な大海原、そして船に寄せる波だけになった。

後は船人たちが漕ぐのに任せて、最初の陸地・対馬を目指して進んだ。心配していた天気も良く、対馬の島影は大きいので見逃す心配はない。時々行き交う船に声を掛け合ったりする内に、夕方には無事

に上対馬の港に着き、船宿で横になって手足を伸ばすとホッと一息ついた。

翌日から数日間、対馬の険しい山なみを左手に見て南へ漕ぎ続け、浅茅湾を横切り、やがて下対馬の厳原港に到着した。

その港で数日間風が弱まるのを待ち、やがて港を出るとき船頭は声を潜めて船人らに言った。

「これ迄倭へ行く船は全てここから遠くに見える壱岐島へ行くが、我々は狗弥国の邪魔が入らないよう、直接北九州の港へ向かう。数日間は夜も海の上になるので覚悟してくれ。

ここ対馬の港を出たら、壱岐島を目指して進むが、そこに着く前に東方に小さな『小呂《おろ》島』見えて来る、小呂島を目指して進むとやがて南前方に少し大きな島、『大島』が見えて来る。

『小呂島』は波に隠れるほど小さい島だから、島の近くに来たら皆で海面かなたを見て大声で知らせよ。

その先はもう安心だ、『大島』を目指して漕ぎ進め、その先に見え始めた大きな九州の陸沿いに二日ほど東へ航行して、大きな遠賀川河口にある岡の湊を目指す」。

陸地の見えない海が続くと船脇を走るトビウオの群が、星の無い夜は波に漂う夜光虫まで自分たちの仲間に見える。

風が強くなると船が大きく揺れて自分の心も動揺するが、他の船人たちは何事もない顔をして船を進め時々集まって進路の確認などをしている。広い海中の点のような小島を見つける難さを思い、心配は悪い方へ膨らんでゆく。翌々日の夕方「小呂島が見えるぞ！」ついに一人が声を上げると続いて皆が歓喜の声を上げた。

小呂島が見付かれば後はもう心配は無い、力を合わせて船を漕ぎ進めた。こうして三日後には北部九州の陸地がかすかに、やがて大きい緑の山なみが目の前に迫ってきた。久しぶりに動かない陸地を見て、皆の目から涙がこぼれた。やがて船は『遠賀川《おんが》』河口の、『岡《おか》ノ湊《みなと》（岡水門）』に着いた。何日も狭い船の中で過ごしたので、誰もが地面に降りてしばらく足が萎えて動けなかった。

岡ノ湊の住人は、かつて那国が狗弥国に敗れたとき、船に乗って各所に散った一族の末裔という。私が船を降りて「我らの王オオタラシヒコは、那国の王だった人の子孫だ」と言うと、彼らは喜んで自らの狭い家に泊めてくれた。

しばらくは乗ってきた船の点検や修理で船人たちは忙しいので、湊の首長は残った私達を自分の船に乗せ、東の方へ伸びた洞《くき》の海（現在の洞海湾）に出た。しばらく先で船を降り小高い丘上の小さな神社境内から見下ろし、小さな棒で地面に図を描いて、

「洞の海はこちら側で響灘に注ぐ遠賀川、反対側は日本海の響灘に出る直前の早鞆《はやとも》の瀬戸（関門海峡）に繋がっている（現在遠賀川とは繋がっていない）。この辺は海と陸が複雑に入り組んでいる。瀬戸内海から来る船は、潮の満ち干の激しい早鞆の瀬戸を通って直接波の荒い響灘へ出るのを嫌い、洞の海を通って響灘・日本海へ向かう航路として使っています。

これまで九州西方の狗弥の勢力は、岡ノ湊から東方の洞海湾沿いには居なかった。しかし彼らは数年前から洞ノ海沿いの小高い丘の辺りに馬を飼い繁殖させる『牧』を作り、そこへ朝鮮の新羅から船で馬を運んでくるのを、うちの連中が何度か見ている。近くに砦を兼ねた見張り所もあるようです。

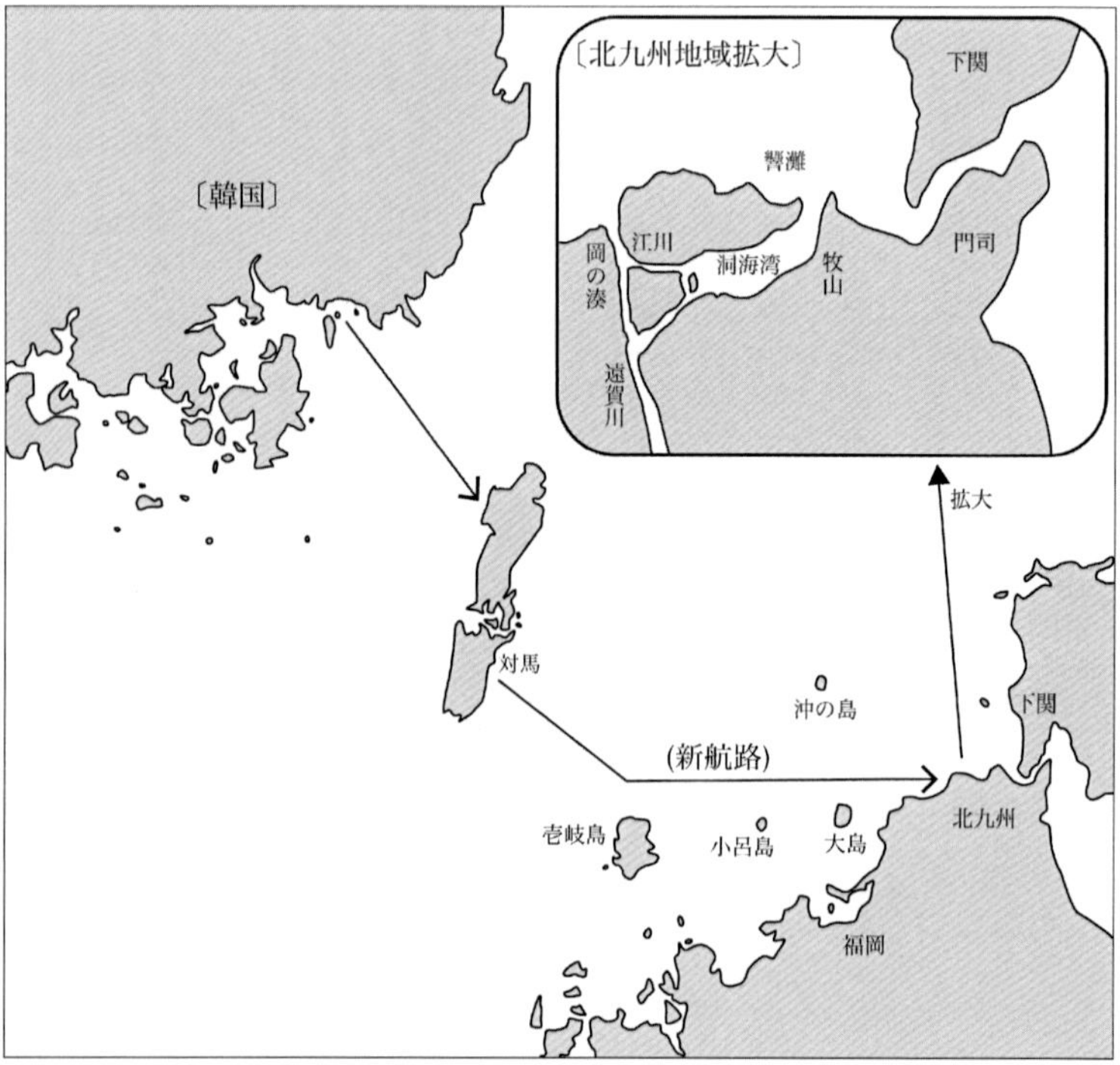

図 2-2　北九州への新航路と洞の海周辺拡大図

（当時遠賀川河口は洞海湾とつながっていた）

確かにそこで見張っていれば、瀬戸ノ内海へ出入りする他所の船をきっと見つけ捕らえられる」。首長が指さす東の方、海岸の波打ち際からなだらかに上る緑の草山に、狗弥の兵が運んで来た馬を殖やす『牧』があるようだ。

船の修理が終わると岡ノ湊の住人の好意で帰りの食料品や水を積み込み、来た時とは逆の航路を辿って任那に戻った。

ナカツヒコ王は、キビツヒコが先日新しく作った船で直接北九州の港に行った時、そこで耳にした「狗弥国がその地に『牧』を作り、新羅から船で運んで来た馬を繁殖させている」、という噂に驚いた。それが事実なら、彼らは近々大陸風の騎馬兵を育成し、強力になった戦力で近隣の諸倭国を次々に打ち破り、やがて倭国全体を勢力下に置く怖れがある。

王は早速任那の有力者たちに声をかけて集会を開いた。

集会ではまずホムダワケが任那と倭国との交易を増やすため、瀬戸ノ内海を通り倭の港と行き来する航路の必要性を訴えた。

「これまで任那から倭の諸国へ送る鉄鋌や鉄製品などは、日本海を船で北九州沿岸や出雲などの港へ運び、そこから長い山道を人が担いで目的の国へ運ぶので、長い時間と多くの費用がかかる。

最近任那は百済と連盟を結んだので、大量の鉄鋌が手に入るようになった。そこで需要の多い吉備や葛城などへは、なるべく近くまで船で運び手間のかかる陸の運搬を減らしたい。

最近キビツヒコは新型の船を使って、対馬から先は狗弥国の勢力の強い壱岐を通らずに、北九州の端の岡ノ湊へ直接行ける航路を探し当てた。この岡ノ湊から先はすぐ『瀬戸ノ内海』なので、短い日数で安全に吉備へ、さらにその先の瀬戸の内海の終点の難波まで行ける。うまく行けば任那は従来手薄だった倭の諸国や東国との交易が容易になり、倭国では百済の鉄艇で作った武器、農作業や干拓用の道具、生糸による織物用道具の使用が益々盛んになる。われわれは新航路を開拓して倭との交易を増やして、同盟する百済と共に、北の大国・高句麗に負けない国にして行きたい」。

次にキビツヒコが、新型の船に乗り北九州の津へ行って見聞きした、先日の話を詳しくした。

二人の話が終わると集まった人々は、日頃の新羅との戦いとは異なる海を越えた倭の話に興奮して口々に話し始めた。

「キビツヒコが作り倭へ乗って行った船を見たか」、

「倭のずっと奥にある難波まで、任那が行く必要があるのか」、

「そんな事をする前に、きっと狗弥国との戦が起きるよ」、

「海の向こうの狗弥国と直接戦って、果たして勝てるか」、

その時聴衆の後ろの方に喚声が起こり、初老の男がゆっくり立ち上がった。皆が良く知る熊鰐《くまわに》という将軍で、いかつい顔だが現皇太子妃の父親でもあった。

場はシーンとなって、次に彼が何と言うか、見つめた。

「さきほどキビツヒコの話の中に『岡ノ湊』が出て来たので、俺は涙が出るほど嬉しくまた懐かしかった。今から二十年ほど前、現王は皇子として倭の北九州で狗弥国と戦ったが、その時私は岡ノ湊の首長として協力した。

戦いの最中に先王が急死されたので、皇子は任那へ戻ることになり、私は皇子のそばを離れ難くてここへ附いてきた。以来私は故郷や残して来た仲間を忘れたことは無かった、きっと彼らも我々の来るのを待っているだろう。

ホムダワケの言う新しい瀬戸ノ内海の航路を作ることは今後の任那にとって大切だが、その前に狗弥国は必ず我々の邪魔をするだろう。彼らが洞ノ海の岸に牧を作ったと聞くと、もう一刻の猶予もならない」。

そこで、隣で目をつむって肯いている老人に話しかけた。

「武内殿よ！　この際現地を良く知っている我らも一緒に行き、若い人たちが進めるこの大事業に加わろうではないか。貴殿が先頭に立って、その戦の作戦を立ててくれ。わしらも、キビツヒコがする新航路調査に合わせて、部下を引き連れて岡ノ湊へ行こう。そこで地元の仲間と協力して狗弥国の牧を攻め破って、昔の仇を取ってやろう！」。

大声援を受けて武内宿祢《たけのうちのすくね》は立ち上がると、少し身振るいして
「俺も行くぞ！　ちょうどわしの息子ソツヒコが故郷の葛城へ行く予定だった。俺たちもその航海に合わせても行き、敵にひと泡吹かせてやろう！」。

二人の老将軍が威勢よく決意を述べたので、一挙に雰囲気が盛り上がった。

そこでナカツヒコ王が立ち上がると、次のように指示した。

「参加する船は半年後一団となってここを出航する。各人は次の通り分担して準備を進めてくれ。
一、キビツヒコは先日の航海に使った船と同じ物を十艘、葛城ソチヒコやモノノべと協力して作る。
二、熊鰐は大伴武以らと相談して、狗弥国の牧を攻める兵を集め武具を調達して戦の訓練を行う。
三、洞ノ海での狗弥国との戦いは武内宿祢が指揮し、その結果によってその後の行動を指示する。
四、今航海の全体構想はわしと武内宿祢、ホムダワケが立て、具体的な計画は逐次熊鰐、キビツヒコ、ソチヒコに説明する、説明に従って各自期日までに準備を進めよ。
五、別に私は日向の国へ人を送り、定めた航路の安全を守るため、邪魔する狗弥国を背後から牽制するよう依頼する」。
ホムダワケは武内宿祢の指示に従って、半年後に倭へ出発する準備を進めている各群の中に入って、発生する問題を話し合って調整しながら、実務作業の実態を学んで行った。

忙しい一日の仕事が終わり、新居に帰って落ち着くと、幼いホムダマワカが覚束ない足取りで歩き、片言を言い始めたのを囲んで、ジミレ王女と束の間の団らんを楽しんだ。

半年後には、十艘の船は順調に完成し、必要な人、食料や武器などを搭載して巨済島の港に集結した。一行は、ナカツワケ王以下任那挙げての盛大な見送りを受けて出発した。

まず対岸の対馬の港に上陸し、翌日から対馬の海岸沿いに順調に南下を続けて、最後に下対馬の豆酘《つっ》の港に着いた。

この港で長い航海に備えて船の手入れを終え、明日は北九州へ向けて出港するという夜、武内宿祢は熊鰐、ホムダワケ、キビツヒコ、葛城ソツヒコを集めて倭に到着するとすぐ始める戦の計画を説明した。

「さいわいここまでは何事も無かったが、この先どこに敵がいるか分からない。わしは先日小舟を手配して二人の男を壱岐へ送った。彼らはいま頃狗弥国側に捕まり、もうすぐ任那の大軍が壱岐を通って九州に押し寄せる、と自白している。

狗弥国側はその自白を信じて、壱岐、伊都、松浦など九州側の備えを固めるだろう。こちらの狙いは相手の裏を描いて、船はそこを通らず彼らが想定しない航路を通って、直接遠賀川河口の岡ノ湊へ行く。彼らが我々の嘘に気づく前に、そこに着いたらすぐ洞ノ海にある狗弥国の牧を襲撃して占領する。

この戦に備えて我々は二手に分かれる。主力の熊鰐とキビツヒコの船団は岡ノ湊へ上陸したら、船の修理や武器や食料を調達して洞ノ海沿岸の牧の攻略に備える。一方わしとソチヒコの乗った船は岡ノ湊へ行かず、そのまま東へ進み対岸の豊の浦（下関市長府辺り）港に着いたら、その地に住む旧宗像族に今度の戦いの助力を頼む。彼らが持つ多くの小船を派手に飾り立て、ワシらの船と一緒に任那から来た主力船団と見せかけて砦の兵を海岸へおびき出す役目だ。

襲撃する当日、この大船団が水際に近づくと合図のほら貝を吹き一斉に太鼓を連打する。その時まで主力の熊鰐らの兵は岡の湊を出て、狗弥の牧近くの葦原に身を潜め船団が近づいて来るのを待つ。砦で寝ていた狗弥の守備兵は海から来る大喚声に驚き、戦の準備も不十分なまま、ばらばらに水際の方へ駆け出すから、熊鰐らの兵は横から弓矢や刀で攻め込め」。

十数日後、実際に行われた洞ノ海の戦いは、武内宿祢側と熊鰐側とが海と陸の二手に分かれて戦う作戦が予想以上にうまく行った。夜明け前の開戦から夕方の後処理までほぼ計画通り進んで、僅か一日の間に任那と地元の連合軍の完全な勝利に終わった。

少し詳しく説明すると、海の沖から数十艘の小船が狗弥国の牧の砦に近づいてきた。小船には大きな船にみせるため帆柱から白麻の布で作った長い幡《はた》を風に靡かせ、先頭の船に乗った武内宿祢の合図で吹く法螺貝に合わせて、兵たちは力いっぱい鐘と太鼓を打ち鳴らし、大きな喚声を挙げて上陸した。

砦を守っていた狗弥の兵たちは不意の襲撃に慌て、われがちに大きな音が響く船着き場を目指して急いだが、既に沖の船から発射される矢は水際に届くほど近かった。

一方岡ノ湊から出発した熊鰐配下の任那の兵と、彼が誘った岡の湊の兵、キビツヒコの兵、大伴や物部の兵たちは洞ノ海の深い葦の繁みに隠れていて、武内側のほら貝の合図と共に一斉に上陸し、海へと急ぐ狗弥兵の集団の脇を突きながら牧山の兵舎へ突入した。

戦に慣れていた熊鰐の兵は馬屋のかんぬきを開けて大切な馬を牧に放すと、牧の建屋に火を放ち狗弥兵を背後から追うように攻め、船から上陸する武内兵たちと呼応して狗弥兵を挟み撃ちで攻めた。午前中には遠征軍の勝利で大勢は決まり、夕方には戦場の後片づけも終り、十数頭の放たれた馬も元の馬屋に戻し終えた。

激しい戦が済むと武内宿祢は全員を牧山の焼け跡の砦の前に集め、この戦さを総括し、今後の予定と各自の分担を指示した。

「この戦さは計画通りに上手く行った。戦った皆に感謝する。

我々は分捕ったこの砦と牧をこれから再建して、任那との船便の中継拠点として使う。これからは周囲の狗弥兵から受けるだろう攻撃に注意しながら、次の指示に従って行動してくれ。

私とホムダワケは明日から近くの豊の国・宇佐や日向国へ行き、新拠点の守備兵と馬の飼育をする人間を派遣してくれと頼む。頼んだ宇佐の兵たちが来たら、キビツヒコとその兵はここを宇佐の兵へ引き継いで、故郷・吉備へ帰ってくれ。次にホムダワケが頼みに行った日向の兵がやってきたら、ソチヒコと葛城の兵は故郷の葛城へ帰ってくれ。

この二つの仕事を終えたらわしは任那に戻って、ナカツヒコ王にこれまでの報告をし、今後追加する人の手配などをする。

ホムダワケが戻って来たら、大伴武以らと共に、新しい瀬戸の内海の航路と終点となる難波を調査するため難波へ向かう。

熊鰐とその配下の兵は残って、新たに加わった宇佐、日向の兵たちの訓練を進めてくれ」。


その時熊鰐に促されて、おずおずと二人の男が前に出てきた。

「私たちはかつての熊鰐の国の者です。三年ほど前狗弥国の兵に捕らえられこの牧で馬の世話をして来ました。育てた馬と離れるのが辛く逃げ遅れてまごまごしていると、昔の仲間の顔を見かけたので名乗り出ました。一生懸命働きますので命を助けて下さい」。

「そう言えば、むかしお前たちを見た気がする。我々がこれからこの牧を再建する上で、三年も馬を飼った経験は貴重だろう。諸君が賛成すれば是非二人を仲間に入れてやりたい」。

そう熊鰐が言うと、武内宿祢は、

「良かろう。ではこの二人を熊鰐に預けるから馬の世話をさせて、お前の息子不弥と共に狗弥国の牧を任那の牧として再建し発展させてくれ。

うまく行けば、任那から職人を呼び寄せて轡《くつわ》、鐙《あぶみ》、鞍《くら》など馬具を作る工房をここに設置し、育てた馬に合わせて訓練し、倭の諸国へ軍馬を供給する拠点にしたい」。

注：「轡」：手綱《たづな》の先の精巧な金具、馬の口にはめて馬の動作を制御する。「鐙」：鞍から左右一対を吊り下げ、騎乗時に足を乗せ両足の大腿部で馬の胴を締め付けて馬の動きを制御する。「鞍」：馬の背中に置く、騎手が跨って安定して座る。

翌日、食事を終えた武内宿祢とホムダワケは、合戦のため来ていた豊浦・宗像族の船に便乗して、洞ノ海から早鞆ノ瀬戸を抜けて『瀬戸ノ内海』の出口にある彼らの本拠『豊浦ノ港』に行き、支援してくれた首長に礼を言ってそこに泊まった。

次の日、東九州海岸に沿って船を走らせて宇佐に向かった。かつて倭国連合の盟主・卑弥呼の次の女王トヨが、狗弥国に破れて落ち延びた先が豊の国・宇佐辺りと言われている。先年、武内宿祢はナカツヒコ王に従って宇佐に来たが、宇佐にはその当時一緒に戦った人も残っている。

宇佐に着くと武内宿祢が、先日北九州地区に任那の拠点を作ったので、そこを守る兵を宇佐からも出してくれと頼むと、差し当たり二十人程の兵と兵糧を出そうと応じてくれた。

宇佐の港にはナカツワケ王から連絡があったと、日向王諸縣君《もろかたのきみ》の迎えの船が待っていた。多忙な武内宿祢はここから岡の湊へ戻り、ホムダワケは一人で日向へ行くことになった。

宇佐の宿で夜食を終えて横になると武内宿祢はまた、ナカツヒコ王と妻のオキナガタラシヒメ（神功皇后?）と一緒に九州各地で戦った話を始めた。幼い頃はまたあの話と馬鹿にしていたが、父母らが実際に戦ったという場所で聞くと、改めて身に迫って来るものがあった。

「オキナガタラシヒメはナカツヒコには任那に妻と子がいることを知っていたが、ナカツヒコのそばで戦う日々に喜びを感じていた。連日激しい戦が続いている最中に、任那からナカツヒコに『父王が亡くなった、葬儀と次王即位のため急いで帰れ』と連絡がきた。

一人で居る時タラシヒメに神が現れ、『ナカツヒコは至急任那に戻り王となって新羅と戦え、お前は九州の地で戦い続けよ』と厳しく託宣されたという。いまから考えると神のお告げではなく、タラシヒメがナカツヒコの立場を考えて行った一世一代の芝居、自分の心に反した悲痛な叫びだった。

そこで私も倭に留まり、産後のタラシヒメの面倒を見ながら戦い続けた。やがてタラシヒメは戦で受けた大きな傷のため亡くなった。私と熊鰐は仕方なく倭での戦いを止め、生後間もない赤子の世話をする倭人の女をつれて任那へ戻った。

ナカツヒコはその後任那王の仕事に専念し、二度と倭へ行くことは無かった」。

そこで一息つくと、宿祢はさらに続けた。

「私と熊鰐は二十年ぶりにこちらへ来たが、岡ノ湊や豊浦の人たちは洞ノ海の戦いに加わってくれたし、宇佐の人々はすぐ支援を出してくれた。本当にありがたいことだ。この辺の人たちは今でも当時を忘れず、神はタラシヒメを護るから従えば必ず道が開けると信じている。ヒメはきっと雲の上から、あの苦しい中で生んだ我が子がこの地に戻って活躍する姿を見ている」。

ホムダワケはその夜、なかなか眠れなかった
もの心ついた時はもう母は居なかったし、周りの人も母の話をしなかった。いまさら実話だと聞いても、ホムダワケにはその姿を想像する事すらできなかった。

自分の母というより、むかし話の倭の卑弥呼のような気がする。一体タラシヒメという人はどこで父ナカツヒコと知り合い、何故最後まで父と一緒に戦ったのだろう…。

翌朝宇佐の港から船を出すとき船頭は空を見上げて呟いた。「途中の『速吸《はやすい》の瀬戸』は潮の流れが速く複雑なので心配だ」。

船が姫島を過ぎた辺りから急に風向きが変り、今まで穏やかだった海面に次々に大きな白波が立ち、次第に大変な状況になった。

それ右へ！　今度は左へ！　と船頭は漕ぐ船人に声をかけて、打ち寄せる大波を避けていたが、やがて船は大きな渦に呑みこまれてひっくり返り、いきなり海に投げ出された。

ホムダワケは飲みこんだ海水も吐けなくなり、やがて薄れて行く意識の中に、先方にタラシヒメのような女人の姿が浮かんできた。揺れ動くその姿を追って無我夢中で手足を動かしている内に、壊れた船の一部らしい大きな木片に手が触れたので、残っている力を振り絞ってその板によじ上り、ホッと一息ついた。まもなく吹く風も弱まり、打ち寄せる波も間遠になって行った。

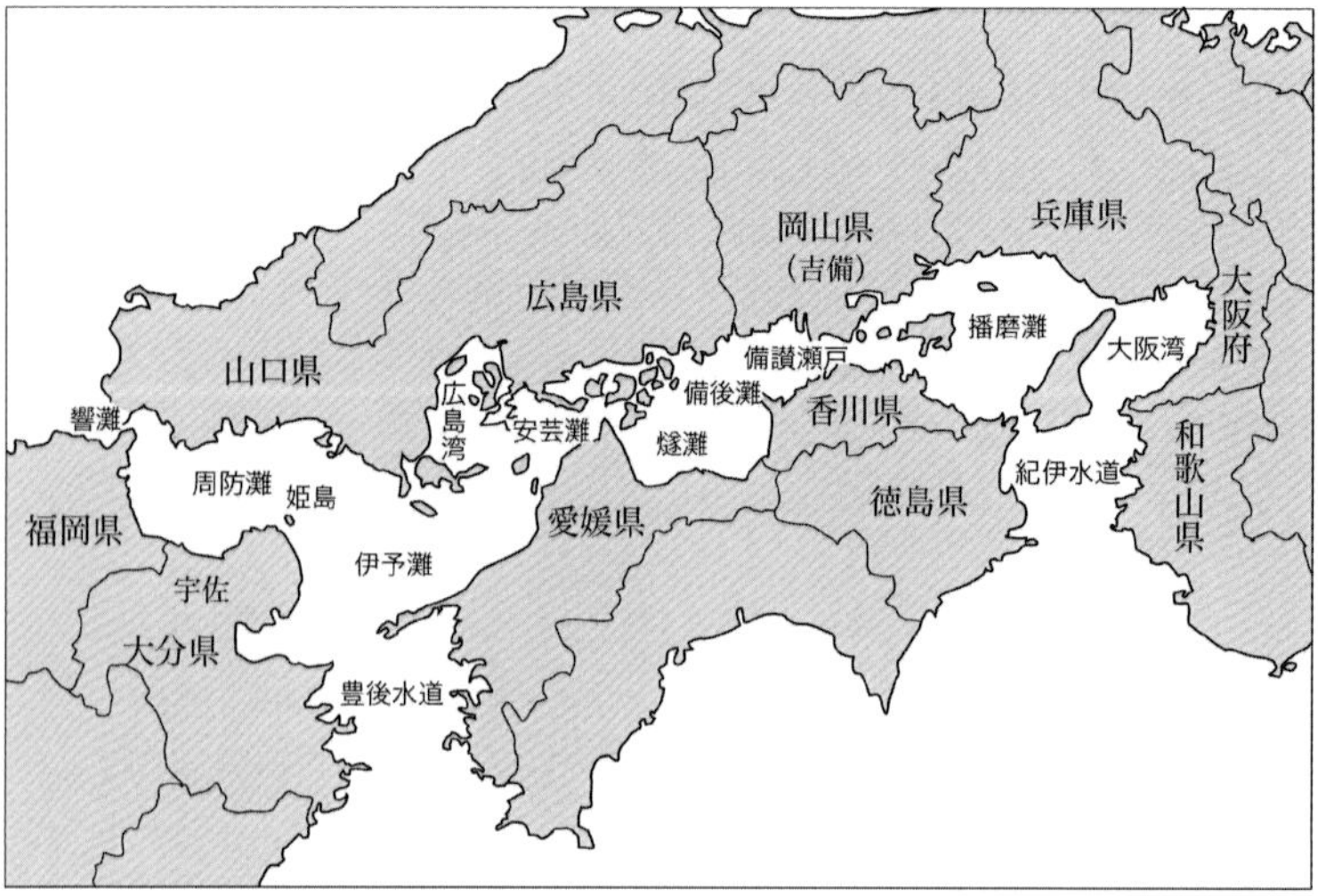

岡山県
(吉備)
兵庫県
広島県
大阪府
山口県
播磨灘
大阪湾
備讃瀬戸
備後灘
響灘
広
島
湾
安芸灘
燧灘
香川県
和
歌
山
県
周防灘
姫島
紀伊水道
徳島県
福岡県
愛媛県
伊予灘
宇佐
大分県
豊後水道

図 2-3　瀬戸の内海大観

板の上でゆっくり波に揺られているとホッとして気が遠くなったが、ひりひりした喉の渇きで目が覚めた。そんなことを何度も繰り返すうちに、波のはるか彼方に微かに影が見えた。櫂の代わりに手を海水に入れ夢中に動かしていると、間もなく木片と共に砂浜に打ち上げられた。急に安心して気がゆるみ、倒れたまま意識を失った。

そこへ侍女に案内されて、美しい乙女が駆け寄って来た。若い男が砂浜に横たわって動かないのを見ると、乙女は海岸に生えている一本の木の下に溢れ出る命の泉の水を掬って口に含み、その男の鼻をつまむと開いた口に思い切り自分の顔を近づけて口移した。

人の声に気付いて、ホムダワケが仰向けのまま薄目を開けて見上げると、まぶしい南国の光の中、その光の強さに負けない美しい乙女の笑顔が目の前に迫っていた。

慌てて身を起こし「ここはどこか」と聞くと、乙女は先ほどのはしたない自分の行為に男が気付いて居ないことにホッとして、鈴を振るような声で「ここは日向国《ひむかのくに》、向こうに父・諸縣君《もろかたのきみ》の館が見えます」と答え先に立って案内した。

諸縣君の館に入ると、高貴な客人が来られたという噂を聞いた人々が、南国の海山の食物や美酒を次々に運んで来て、やがて野外広場で客人と王を囲んで賑やかな宴会が始まった。

王はみんなの顔を見回すと、「この方はホムダワケと言われ、倭の大王の子孫である。このたび任那王ナカツヒコはわが日向の国と同盟を結ぼうとして、この王子を使節として派遣された。迎えの船が途中の海で難破したと聞いて案じていたが、運よく無事にここに辿りつかれた。

これまで日向はたびたび隣の狗弥国に攻められ苦しい戦いをして来た。今度の会見を契機として、日向と任那が協力して対抗する事に決まれば非常に心強い」。

大きな声で人々に説明し、脇のホムダワケを振り返えると、

「あなたを迎えに行った日向の船は、シケに遭って大きく壊れ、先ほどこの海岸に流れ着いた。乗っていた船人は少し前に見つかり、残るあなたをみんなで手分けして探していて、運よく私の娘泉長媛《いずみながひめ》が見つけ、ここにお連れしました。

船はひどく壊れたので、急いで代わりの船を作ります。しばらくこの館でお待ちください、その間娘があなたのお世話をいたします。新しい船が出来たら、すぐ日向の兵を付けて岡ノ湊までお送りします。

その間に私共で出来ることは別にやります。さっそく国境の阿蘇の山近くの砦の兵に命じ、狗弥国へ侵入する大々的な構えを取らせます。狗弥国はこちらに多くの兵を張り付けるため、洞の海の牧や砦を攻めることは出来なくなる」。

諸県君は陣頭に立って、新しい船を作るための大木を取り寄せ船大工らを急がせて、三カ月ほどで代わりの船を完成させた。

新しい船が岡ノ湊へ向けて出港する前日、諸県君は娘の泉長媛とホンダワケを連れて、近くの日向の

祖先神・大山祇《おおやまずみ》の神社へ参拝した。

「今後貴方の国とわが日向の国は、協力して安全な海を守って行きましょう。この大山祇の神はわれわれ隼人《はやと》族の船の航行の安全を見守り、遭難した時には救いを与えて来ました。先日遭難した貴方の命が救われたのも、この神の加護があったからです。あす船で出発するあなたと洞ノ海の牧を守る隼人の兵に神の加護があるように、また貴方と残される泉長媛にやがてしあわせが訪れますように、一緒にお祈りしましょう」。

手を合わせて静かに目を閉じると、船が遭難してここに辿り着いてからの三ヵ月が、幻の世界の出来事のような気がした。　翌朝日向王の祝福を受けて出港したホムダワケと新たに加わることになる日向の兵たちは、来るとき遭難した日向灘も何事も無く過ぎて、やがては洞ノ海の港へ到着した。

ようやく戻った牧山の砦では、キビツヒコ、葛城ソチヒコとその兵たちは、既に各々の故郷へ出発しており、武内宿祢もホムダワケが無事日向から戻ったので、安心して任那へ戻るという。これから、残った熊鰐の兵と新たに加わった宇佐や日向からの兵が、任那の拠点として砦や馬場を改造して行く。

翌朝ホムダワケが起きてすぐ馬場へ行くと、群れの中の一頭の栗毛の馬が近寄って来た。狗弥国との戦いの翌日牧の検分に来たとき、心細そうな目で見上げた仔馬に違いない。その時はまだ覚束ない足取りだったが、もう立派な若駒になっていた。

さっそく馬場を担当する熊鰐の若者に頼んで馬具を取り付け、手綱を取ってヒョイとその背に上り「ドウ」と掛け声をかけた。馬は弾むように草原を走り出した。快い風が頬をなでて、わずかな草の匂いが心地良かった。しばらく無心に駆けさせていると、何故か幼いホムダマワカを抱いた笑顔の妻の姿が浮かんできた。ああ早く任那へ戻りたい、懐かしい家族に逢いたいと、涙があふれて止まらなかった。まだ走り足りないような馬を止めて降りると、頭に浮かんだ幻影を払うように首を左右に振り、自分を現実に戻した。

ホムダワケは岡ノ湊に待機していた大伴武以の船に乗り、この前も寄った豊浦の港で一泊した。翌朝見知らぬ老人が現れて、瀬戸ノ内海の潮見役を頼まれた塩土老爺《しおつちのおじ》と名乗り、起きたばかりのホムダワケらに宿の裏の急な坂道を登れと命じた。息せき切ってやっと頂上に着くと、彼は大きな身振りで眼の下に広がる海と島、周りに連なる山なみを指して説明を始めた。

「此処は、朝鮮半島や北九州から来る船、南の姫島の先の日向などから、また反対の瀬戸内海から来る船など、船の動きを空と雲の変化と合わせて見るのに最適の場所だ。

この下の早鞆の瀬戸が瀬戸の内海の西の果てで、内海に入ると多くの島が浮かぶ穏やかな海になる。この海を通る多くの船人は、この山に登り、神の依り代の座石を据えて今後の航海の安全を祈っている。わしはこれまで何度も船を案内して瀬戸の内海へ入り、何度か遠く難波ノ湊へも行った。海では、両方から陸地で挟まれた所を海峡、特に狭い海峡を瀬戸（狭戸とも）と言い、潮の満ち干に合わせて激しい潮流が生まれ、流れに逆らうと船は進まず、時には船ごと渦に巻き込まれ沈んでしまう。いつ船を瀬戸に入れるか、その判断も案内人の大切な仕事です。

今日から船でここを出ると難波まで一月ほどかかるだろうが、無事に到着するよう皆も手を合わせて神にお願いして下さい」。

塩土老翁は難波に向けて出発した船の上に立ち、遠方の特徴的な風景、どこか動物に似た岬の岩や島を左右に見て、船人らに風にも惑わされないよう注意深く漕ぐ方向を指示し、何も見えない夜は風除け場所に重しを降ろして休むなど、しばらくは単調な日が続いた。ホムダワケと大伴武以は、後の任那の交易船の航海の参考にと、船の行く手に見える山や特徴ある島をいちいち覚えようとしたが、やがて頭の中が混乱した。

塩土老爺は二人の困った様子を見て、

「長い瀬戸の内海も、大雑把に次の三つに分けて特徴を覚えてしまえば、一つ一つの島など覚える必要はない。このまましばらく行くと大小幾つかの島が行く手を遮るので、東南に舵を切ってその島なみを左に見ながら船を進めると、やがて前方に非常に大きな島・四国が見えて来る。早鞆の瀬戸からそこまでを『西瀬戸』という。

それから先は、大小多くの島々が行く手を遮って浮かんでおり行く手を阻むので、我々は四国の海岸沿いに船を東へ進めると、やがて大きな港・宇多津に着く。そこまでが『中瀬戸』です。

宇多津からは四国を離れて、島伝いに北上した先に本州の吉備の国がある。この船はその吉備にしばらく泊まって、知人に会う予定だと聞いています。吉備から先が『東瀬戸』です、その先はまた船に乗ってから話しましょう。

何日もの狭く揺れる船上生活に皆が疲れた様子なので、塩土老翁は「もう少しで四国だ、そこで数日休む、近くに温泉もある、たまった疲れが吹っ飛ぶ」と励ました。一行は四国の温泉で休んで元気を回復した。次に四国の幾つもの小さな港伝いに航行を続けて行くと、やがて辺りの中心らしい宇多津の港に着いた。そこから幾つかの島伝いに北上すると、やがて大小多くの船が賑やかに出入りする吉備の港へ着いた。波止場には少し前に故郷に帰着していたキビツヒコが待ちかまえていた。

久しぶりの再会を喜んだキビツヒコは一行を小高い山の上に案内した。目の前一面に広がる緑色の稲田を指差して、以前この辺の海は遠浅で、潮の満ち干に強い蒲や葦しか生えない地を、先祖たちは裏山を崩し、土を運んで広大な水田に変えた。あそこに見える高足の五棟の建物が倉庫で、収穫した米を長期間保存できるので、不作でも昔のように大勢の人々が飢え死にすることが無くなった。

吉備では昔から太陽の照る夏の日、海岸に流れ着いた海藻を燃やして自家用の塩を作っていた。その塩は任那でも評判が良く、鉄鋌と良い条件で交換できることを知り、塩を大量に作ることにした。水洩れのない須恵器製の（？）大釜で海水を煮詰めると良質の塩が大量に出来る。作った塩を任那へ運んで大量の鉄艇を持ち帰るようになった。

更に鍛冶工房を作り職人を集めて、手に入れた鉄鋌で丈夫な武器や農具・土木用具など、欲しいものを作れるようにした。鉄製の武器を使えば周辺国との戦に勝てるし、鉄製の農具や土木用具を使えば海辺の湿地から多くの水田も造れる。

こうした成功に自信をつけた吉備の人は、半島からの鉄鋌に頼るだけでなく、自らの手で鉄鋌を作るため、製鉄の原料になる鉄鉱石を探した。運よく隣のタニハ・丹波との国境の山で見付けたが、その山はどこの国かと争いが起こり、最近は境界の周りに土塁を築いて丹波の攻撃に備えている。


この立派な吉備の国を作った祖先たちを崇拝する場として、人びとは三百歩長（二百m位）もある、巨大な前方後円墳を築きました。墳墓の表面を周辺の地形とはっきり違う葺石で美しく覆い、祭祀を行う高壇を囲んで多くの台型や壺形の円筒埴輪をきれいに並べています。

そして今の首長と司祭は墳墓の上で、祖先を祭る儀式、戦勝祈願、稲の豊作を祈る春の祭、収穫を感謝する新嘗の祭などを行い、住民すべてが周りを囲んで一晩中歌い踊り、盛大に祝うのです」。

ホムダワケは吉備の人々が協力して、自分たちの国を豊かで暮らし易い国に作り変えた話を聞いて感心し、これからの難波の事業をこれ以上の形で実現するのに必要な方法について思った。


瀬戸ノ内海の最後の難所は、本土側の播磨に淡路島が迫っている狭い『明石の大門』だが、そこを通る直前、すれ違う船人から、難波の港はこの間の洪水で使えなくなったので、船は少し離れた住吉の津に入れた方が良いと聞いた。

難波の少し南の住吉の津に近づくと、付近の海で採った魚や畑で育てた野菜を商う人々の小船がごった返し、大声で叫び合う人々の声が流れ、船上で食べ物を煮炊きする暮らしの匂いが漂ってきた。任那の港を出てから忘れていた懐かしい郷里を、久し振りに思い出した。

七章　葛城に集まった倭の若者達

ホムダワケ一行が住吉の湊に着いたと聞いて、一足先に郷里の葛城で休んでいた葛城ソチヒコがやって来た。二人は再開のあいさつも早々に、これからどうするか話し合った。

「先日北九州で父・武内宿祢に我々がこれからやるべき事について尋ねると、『先ず我々はここ難波に任那との交易拠点を作る。難波は瀬戸の内海から来る船の最後の港であり、背後にある河内湖（「草香江」とも）は大和川を使って葛城などヤマトの国へ通う船や、大河・淀川を使って内陸の国々へ通う船が多く行き来する港があるので、交易の拠点としては最適だろう。

しかしその周辺は河内湖からあふれる洪水が頻繁に起き、人々は安心して暮らせないので、今はどこの王の領土でもない。我々は河内湖に流入する二つの大きな川、大和川と淀川による洪水の実態を調べて対策を行い、任那との交易の拠点として整備・活用したい』。

父は若い頃、任那と葛城との間を頻繁に行き来して、難波の港の有望さ、また欠点を知ったのだろう。これから始めるに当り、何時までもわしが出しゃばると、ホムダワケはまた自分を子ども扱いすると嫌がるから、今後はお前が一緒にやってくれ、と」。

「成るほど、色々考えてくれて、本当に有難いことだ。

それで我々はこれから具体的にどうするか？」

「我々は二手に分かれ、ホムダワケと私は私の故郷・葛城へ行く。葛城には今度の計画に参加させたい若者を集めているので、何日か彼らとゆっくり話合いたい。我々が難波でどんな事を計画しているか説明し、集まった若者は自分の国について説明してから、お互いどのように協力するか相談したい。

その集まりが済んだら、我々二人はヤマトの国々を一回りして難波へ帰る。まずヤマトの国々の中心部を歩いて個々の国の生活や考え方を聞いたり見たり。夜は物部の実家・石上に宿泊するから、彼の父からヤマトの人々の考え方や信じる神について、詳しく聞いたら良いだろう。帰りは北の山道を歩いて峠を越え、淀川の支流・木津川の港へ出る。そこから船で山代川から淀川へと下って難波へ戻る。

一方、大伴武以らは残って、まず戻りの船の修理や食料などの準備を船人や従者へ指示する。それが済んだら、地元の土師氏を案内役として船で河内湖周辺を回り、人々が集まって住む所に上陸して、今困っている事は何か、どんな洪水対策をするべきかを聞く。

冬の海が荒れる前に海峡を渡るには余り日数は無いので、これらの作業を要領よく進め帰りの準備が整い次第任那へ向けて出発しよう」。

翌日は葛城を目指して、宿のすぐ前の河内湖の港から小船に乗って漕ぎ出した。湖の中では背の高い葦など夏草に遮られて、すぐ先の水面しか見えないが、船人の操る船は迷わずにすいすい進み、やがて大和川へ入ったようだ。船人たちは徐々に狭く速くなって行く流れに逆らって船を昇らせるため、声を掛け合って懸命に漕ぐ。数年前に父王と一緒に洛東江を船に乗り、初めて百済の漢城へ行ったときのことを懐かしく思い出した。

河内とヤマトとの国境で、両側から険しい山が迫る狭い谷間の急流を通り抜けると、別世界のような盆地が広がっていた。やがて百年前の洪水対策ですっかり小さくなったヤマト湖に入り、水溜りのような湖水を走り、また小さな支流を昇ると目的の船着き場に着いた。ソチヒコはそこからの深い森の山道を一緒に歩きながら、自分と葛城氏との関係を説明した。

「俺は一応葛城氏と称しているが、ここで育った訳でない。親父の武内宿祢がヤマトの国々と交易するため何度も葛城を訪ねて来る内に、前の葛城王に見込まれてその娘と一緒になった。間に生まれた俺は任那の親父に引き取られ、成人して今の葛城王の娘と一緒になった。

いま俺は任那に住み任那の仕事をしているが、鉄艇の代わりとして任那に来た葛城の兵が三年ほどの任期を終えて戻る時、彼らを引率してこちらへ来て、次の兵が揃うまで滞在している。

ここには葛媛《くず》と言う私の妻と三人の子供が居て、時々俺が帰るのを待っている。家は葛城王の家の近くにあり、明日からみんなはその家で一緒に話し合い、夜もそこに泊まる」。

半日ほど歩くと、思いがけなく開けた所に葛城の国があった。

翌日からの会合では葛城ソチヒコが進行役となり、まず若者たちに任那の王子ホムダワケを紹介し、続いて集会の目的を説明した。

「ここ葛城国はヤマト湖辺から少し離れた山側にあり湖の干拓による恩恵は少ないので、ヤマト湖周辺の国々と違って独自に任那と交易する道を選んだ。最近任那は朝鮮産の大量の鉄艇を入手できるようになり、倭の国々との交易を拡大したい。

そこでまず難波の河内湖周辺の洪水対策を行って多くの人々が安心して住める場所にし、海船と川船が共用できる港を作って、大和川や淀川の船で鉄艇などをヤマトの他に伊勢や尾張、遠い東国まで運んで、交易による利益を増やそうと考えている。葛城もより豊かで強い国になるためその計画に参加しようと思う。

ここには交易の実務に詳しい物部麦入《むきり》や尾張尾綱根《しりつね》、河内側で洪水工事や大型の墳墓作りをする土師《はじの》兎《と》が来ている。夫々は自分の氏族の来歴、役割や今の仕事について説明してくれ」。

続いて物部麦入が立って

「現在あるヤマト連盟は、ヤマト湖の周りにある幾つかの国がヤマト湖の洪水など共通する困難に対応するため、自然と生まれた。現在は三輪山の麓の三輪国の王が、各国を取りまとめる大王ですが、直接全体を統治するのではなく、各国は夫々の王の下でまとまって行動しています。

物部一族は昔から三輪山の麓に住み、三輪山の神を信仰する全てのヤマトの人々に対して神事を行ってきました。詳しい事は後日父に会った時に聞いて下さい。また大王の死去や即位などの神事では、由緒ある豪華な鏡や剣を使いますが、それらの『物』を手配し保管する役目も担当しています。

これらの鏡や剣は出雲の国で作られ、ヤマトなど多くの倭国は多大な犠牲を払ってこれを求め、大王の権威づけに使っています。しかし出雲の剣は見かけは大きく豪華だが単なる飾り物であり、周囲の国と競い合っている尾張や東国の国などでは、不可思議な切れ味のハガネ製の剣にこそ命を懸けて戦った大王の魂が宿り、子孫がそれを継承するにふさわしいと考えるようになって来た。

そこで私は強い国作りを目指す尾張や東国を取り込むため、葛城氏側に加わって任那と交易する道を選びました」。

続いて尾張の尾綱根《しりつね》が話し出した。

「我ら尾張の祖・当麻厥速《たいまのけはや》はヤマト湖の工事中に出雲から来た野見宿祢との相撲で敗れ、ヤマトの地を追われた。一族を引き連れて僅かな知己を頼り伊勢の国に身を寄せたが、やがて『ここは定住する土地ではない』と、再び一族をつれて湾の奥、現在の尾張へ移動した。大河に囲まれた無人の中州を選び、力を合わせ周りに土手を築いてそこに住み着いた。

数年間の必死の努力が実って、荒れ地だった中州は田・畑となり、何とか皆は飢えを凌げるようになった。すると洪水の少ない上流に住んでいた美濃の人々が、飢饉になると豊かになった尾張へ攻めて来た。尾張勢はにわか造りの小さな神社の前に集まり、力を合わせて田畑を守ってきた。尾張では次第に人数を増えたので、神社を囲む土手をさらに高くして埋め立て地を拡げ、今では数千人を超える人々が住み、美濃の攻撃に負けない大国になった。

しかし尾張は多くの大河の河口にあり、今も川の氾濫に悩まされています。今計画しているという難波・河内の洪水対策が成功したら、我々尾張はその方法を見習ってこの地をもっと安心して暮らせる豊かな国にして行きたい。

いま尾張の『熱田神社』には、出雲伝来の銅剣が神宝として祀られているが、早く半島渡来の切れ味の優れたハガネ製刀剣に代えたいと思っている」。

再び物部麦入が、東国の状況と交易について

「東国の北の山岳地帯には大勢力の毛野《けの》族が住んでいる。最近彼らは広い平野に乗り出そうと、出雲から馬を手に入れ独力で牧を作り戦力を強化している。一方、北の山脈から流れ下る大河の河口の海岸に暮らして来た葛飾《かつしか》族や総《ふさ》族は上流に移動して勢力を広げ、流域のあちこちに定住を始めた。いずれ広い平野の奪い合いが始まるだろう。葛飾や総の人々は内心、とても毛野族には太刀打ちできないと怖れている。我々は今後遠方の彼らとどのように交易を進めて行くかだ」。

そこで脇から葛城ソツヒコが口を出した。

「遠い東国へ行って交易するには、東国は何を欲しいのか、鉄か馬か、彼らは代わりに何を提供できるか調べるのだ。例えば銅製の武器や神具と比べ、我々が提供する鉄艇・ハガネ製の刀剣が明らかに優れている事を示す。また馬や馬具を提供するだけでなく、馬の上から弓矢を射って敵兵と戦う時の馬具を提供し、必要なら東国の幼稚な兵を強力な騎馬軍団に養成してやると言って彼らの関心を引くのだ。

事によればその葛飾族らと協力して、毛野族と戦ったらどうか」。

続いて土師兎が

「私たち土師一族は出雲から野見宿祢と一緒にヤマトへ来て、ヤマト湖の洪水対策と周辺の干拓を行った。その後もヤマトに残り、大王の墳墓を造り、また墳墓の上に並べる埴輪土器を作っています。またこの工事によってヤマトの人々は非常に喜んだが、下流の大和川が河内側に入る辺りの住民は、かえって洪水が増えたと言ってヤマト側へ押しかける騒ぎが起きた。以来土師一族は水が氾濫する河内の地域に移り住んで、住民の苦情に対応し続けてきました」。

ホムダワケは驚いた、「百年も前に終わった川の工事で、まだ多くの人達が苦しんでいるのか……」。

「最近ようやく、ヤマトの工事によって河内の洪水が増えた理由が分かってきた。ヤマト湖の貯水能力が減ると、湖の上流域に降る雨による増水が一挙に河内側へ流れ出る。その増水する時と河内側の石川の増水する時とが重なると、合流地域で石川の水が行き場を失い、土手の弱い所を崩して溢れ出るのです。

洪水が増えた理由は分かったが、毎回同じ場所で土手が切れる訳ではないので、その都度洪水が起こった場所を修理して済ませています。今度の難波の洪水対策は進んだ知識を持つ中国の職人が加わると聞いて、弟の土師八嶋が大伴様の調査に協力しています」。

最後にホムダワケが立って、今後の対応を説明した。

「これまで皆さんから聞いた、倭諸国の各地の人々の暮らしの話は非常に参考になりました。この話は任那に持ち帰り、父王らと相談してまた此処へ戻り、皆さんとの間で具体的な条件や希望をすり合わせて、なるべく早く工事を始め、将来の拠点作りに繋ぎたい」。


翌日から物部麦入のヤマト案内で、ホムダワケと葛城ソチヒコは久しぶりの外歩きを楽しんだ。滞在した葛城から山道を下ると、広くて平らな盆地に入る。そこの山辺の道をしばらく歩くと、ヤマトの人々から聖なる山として崇められてきた三輪山が見えてきた。その優美な姿に頭を垂れて敬虔な気持ちを味わってから、小さくなったヤマト湖周辺の国々を巡り、百年前のヤマト湖の干拓で出来たという農地や豊かになった集落などを訪ねた。纏向にある王の墳墓は先日キビツヒコに案内された吉備の墳墓より大きく、人々は今でも王を敬い周辺をきれいに整備しているようだった。一日中歩いて石上郷にある物部の実家に着いた時には、日は暮れてすっかり暗くなっていた。その日は晩飯も早々に寝た。

翌朝、物部麦入の父・胆咋《いくい》に会った。背が高く白髪が美しく、その物腰には長年神に仕える人に特有の威厳があった。

ホムダワケは深く頭を垂れて挨拶してから、

「私たちの今の本拠は朝鮮の任那ですが、先祖は倭から来たようです。任那で親しくしている葛城ソチヒコと一緒に、初めて倭の難波にやってきました。数日間葛城に集まり、任那と倭との交易について話し合いました。

私たちは任那と倭の交易の拠点を難波に置くので、河内湖周辺の洪水対策として、関連する付近の国々や河川を見て回る途中、ヤマトの国にきました。一緒に参加した物部麦入がヤマト諸国の政《まつりごと》については、自分の父に直接聞くと良いと言うのでお邪魔しました。

私は数年前、百済の学者から魏志倭人伝という書にある昔の倭国について教わりました。倭国の邪馬台国では社殿に一人で住む女王卑弥呼が神に仕え、下された神託は実弟を通じて有力者たちに伝える形で、政が行われていたようです。ヤマトの国の政治はどのようにされていますか」。

「私の知る限り、ヤマトに女王が居たという話はありません。神託をそのまま仲介者に伝えるやり方もヤマトとは違う。ヤマトの話ではないようです」。


ヤマトでは周辺の山々から流れ出た水が、大小数多くの川を通して平野部のヤマト湖へ流れ込み、湖に溜った水は一本の大和川となって河内へ流れ下っている。

今から百年ほど前、古老たちも経験のない大雨が何日も降り続き、ヤマト湖から溢れた水が周りの国を襲う大災害が起きた。周辺の王たちが集まって、抜本的な対策が必要という意見に纏まった。その時ヤマト諸国の大王を担当していた三輪氏は遠方の出雲国に頼んで、工事の指導者として『野見宿祢』を派遣して貰った。三輪氏の国にはヤマト地域一帯で古くから崇められる三輪山があり、以前その山の主として出雲の神オオナジムを招いた縁から両国は交流があり、出雲では暴れ川として有名な斐伊《ひい》川の洪水対策と、宍道《しんじ》湖周辺の干拓を兼ねた工事を行い、多くの美田が生まれ豊かになったと聞いている。

出雲から来た野見宿祢の調べでは、湖水が流れ出る大和川の川幅を広げ川底の岩石をさらい流出する水量を増やせば、湖水の溢れによる洪水は減ると言う。そこで各国は協力して工事に取り組むことにした。野見は周辺の国々に担当場所を割り当て、主に川の水量が減る秋の収穫後の農閑期に工事を進めた。

工事は何年も続き、厳しい作業を命じられるヤマトの人々の中には、よそ者の野見に指図される事に不満を持つ者も出て来た。当麻厥速《たいまのけはや》という男は『俺はヤマト近辺一番の力持ちだ、よそ者の野見にいちいち言われたくない。野見と俺のどちらがヤマト一番か、勝った方が自分の好きなようにやろう』と言い張り、大勢の前で野見と取っ組み合いの相撲を始めた。

二人は組んだり離れたり激しく戦い、ついに野見の腕が当麻の首を絞めて完璧に組み伏せ一気にケハヤの首を絞めようとした。その時、人々の中から飛び出した小さな塊が野見の体にしがみつき『お父ちゃんを殺しちゃダメ！』と悲痛な声を上げた。ケハヤの娘の突然の行動は人々の心を動かし、命を助けられたケハヤは当麻の地を追われ、一族を引き連れて険しい山道を越えて伊勢へ流れて行った。

長年にわたる大和川の工事が終わると、排水の良くなったヤマト湖の水位は安定して下がった。干上がった土地は整備されて住居や田畑へと変わり、周辺の国々は豊かになり、また大和川の川筋が整備されて難波への船便も容易になった。

三輪氏はケハヤから取り上げた当麻の地を、最強の男と噂されるようになった野見宿祢に与えた。野見は自分を引き立ててくれた大王に深く感謝し、三輪氏の王墓を作ることを部下の土師氏に命じた。その纏向《まきむく》の箸墓《はしはか》墳墓は非常に短い期間に完成した。人々は驚き『昼は人が作り、夜は神が作った』とか、『大坂山から墓に至るまで、人びとが列をなして並び、手渡しで石を運んだ』と噂した。墳墓の周りでは先祖の祭りや豊作を祈る祭りが、三輪氏の手で次第に洗練された形で盛んに行われ、やがてこれ迄ヤマトの王たちの話し合いで決めて来た大王位を、三輪一族が世襲するようになった。

「ヤマトの神は三輪山に居られて我々を見守っており、大王は神霊が依りつく大岩や大木などの『依り代』を通じて神意を伺い、王たちに示して協議します。最近は三輪一族が大王位を独占し、大王位継承の儀式などはもう物部の手を借りずに行うと言い、我々を軽んじるようになりました。

ヤマトの国には、古来尊んできた三輪山に出雲の神を迎えたことに反発する勢力が根強くあり、その人達はヤマトの地で何かコトが起る度に、三輪神の祟《たた》りと騒ぎ立てている。

物部一族の役目は、ヤマトの大王家が神事を主宰し、そこで使う鏡や剣、玉など『もの』を準備すること。大王の地位を三輪一族が独占的に引き継ぐようになると、物部一族の立場や神事の意味が変わってきました。そこで物部の族長である私は、ヤマト古来の神と出雲の神の教えを統合して、皆が対立しないで安心して暮らせるよう、倭全体の人々に適った教えを作ろうと考えています。

近年我々の神事の主体は、三輪山の祖先神や王位継承に関することより、人々の暮らし、中でもコメの出来を左右する稲を植え、収穫する時期を太陽と水を神に祈ることが重要になりました。毎朝、太陽が東から昇り、夕方太陽が西に沈む、人々はその安定した繰り返しに従って春に稲を植え、秋に収穫します。太陽が不順になると干ばつや洪水が起こるので、太陽が上る方角にある伊勢、沈む方角にある出雲を聖地として崇め、太陽の運行を数えて稲の作付け期、収穫時を予想するのです。

神の依り代として、従来は銅製の大型で美しい鏡や剣が適当と思われていました。しかし良く切れるテツの剣の威力を身近にして、そちらの方が自国を守る先祖の霊の依り代に相応しい、と考える人が増えて来たようです。


ヤマト湖周辺の国に住む人々は日夜三輪山を眺め、自然と祖先の霊は三輪山にあると考え、亡くなった王の墓として三輪山に見立てた丸い山を作り、そこから伸びた四角の部分で神官が祭りごとを行う『前方後円墳』を作って来ました。

さらに吉備国の前方後円墳で『数多くの竪台埴輪や円筒埴輪を円墳の頂上や拝所の周りに並べる』方法は、他の国でも評判が良いので、定まった意義と役わりを与えて取り込んだ。

近年私は円墳部をあえて三輪山に見立てず、どこの国でも前方後円墳の基本は『円形のなだらかな部分に先王を葬り、四角の部分は神に仕える人たちが拝む場所』とすれば良いと考えるようになりました。

このように一定した形式を作ると、特に我々が強制した訳ではないが、今では遠方の倭の国の人々も受け入れて同様な墳墓を造り、同じような形式に従って神事を行い、その周りで人々は祈りまた歌い舞うようになって来ました」。

物静かだが話す言葉には説得力があり、ホムダワケはこれまで知らなかった神の世界、ヤマトの神や神事について詳しく知ることが出来た。

貴重な話をしてくれた麦入の父に礼を言った。

翌日は歩いて盆地の北にある小さな峠を越え山代（山城）川岸の港に着いた。そこから船に乗り、やがて本流の淀川の豊かな流れに入り一日ゆっくり下った。河口近くから河内湖側に入り、夕暮れ時に難波の港へ着いた。

難波では、別行動の大伴武以、土師八嶋が集めた情報を聞いて今後の進め方を話し合った。かれらは小舟を出して、難波や住吉の湊から河内湖周辺の集落を回り、その地の住民たちがどんな苦労をしているか聞いてまわった。

「この地の人々の要望を、ひとまず任那へ持ち帰り、父・ナカツヒコ王や任那の人達と相談し、皆の協力を得てなるべく早く作業を始めたい」。

翌日、突然宿にホムダワケを尋ねてちょっと変わった女が現れた。ホムダワケの噂を聞いて数日前から待っていたという。入口に出て女の顔を見たが、これ迄一度も会った記憶はない。

「私がホムダワケだが、どんな用か？」

「私は『阿加流比売《あかるひめ》』と言います。三年ほど前まで百済に住んで、百済の役人の男と暮らしていました。ある日彼は任那のホムダワケという男と一緒に仕事すると言って、ほとんど家に帰ってこなくなりました。そこで私は愛想をつかして生まれた倭に帰ってきました。風の便りでは、最近その男も倭へ渡って来て、あちこち動き回っているようです。ホムダワケ様なら、その男の行方を知っておられるかと思いまして……」。

彼女は長い髪をかき上げ、切れ長の目を怪しく光らせて、追及するようにホムダワケを見つめた。

そういえば百済の谷那の鉱山で別れる時、あの男はこれから倭へ行き、逃げた女を探すと言っていたが、相手の女の名はアカルヒメだったかも知れない。その男はどんな風貌かと尋ねると、どうやら自分が覚えている男と一致する。

詳しく話を聞こうと言って、女を部屋へ通した。

「私は百済でその男と別れ、同行していた男とも途中で別れて、生まれ故郷の倭の豊《とよ》の国（現在の大分県）姫島《ひめしま》に戻りました。姫島には黒曜石の鉱山があり、そこで採れる真っ黒い石から切れ味の鋭い刃物や鏃ができると昔から評判で、倭の国だけでなく、朝鮮半島の百済や新羅から船で来る、石を求める人たちで港は大変賑わっていました。私の血筋には邪馬台国の女王・トヨもいるそうですが、若かった私は、黒曜石を買い付けに来た人たちにチヤホヤされて浮かれていました。海の向こうに素晴らしい国があると言う誘いに乗って新羅へ行き、そこで出会った男と親しくなった。彼は目先の利く人で、百済の方で良い仕事があると言うので一緒に百済へ移りました。

やがて彼は任那のホムダワケ様が始めた山奥の製鉄所に誘われ、そこで仕事に熱中して何か月も帰って来なくなりました。ヒマな私は新羅から来たアラシトと云う男を時々家に誘うようになった。ある日突然帰ってきた男は私が知らない男と一緒にいるのを見て逆上し、髪の毛をつかんで引き倒し、悪口を言って踏んだり蹴ったり。少しは悪かったと我慢していた私も余りの仕打ちに腹が立ち、啖呵を切ってアラシトと一緒に倭へ行く船で逃げました。どこへ行くとも決めずに飛び出したが、私は郷里の姫島へ帰りたい、アラシトは日本海側を下って行きたいと言い張り、そこでまた喧嘩になり別れました。

久しぶりに見る郷里・姫島はすっかり寂れていました。十年ほどの間に鉄が容易に手に入るようになり、黒曜石を欲しがる人はいなくなりました。そんな寂しい所にじっとして居るのは私の性分に合わない。たまたま姫島の港に来ていた日向の船に便乗して瀬戸の内海を航海し、着いた淡路の島で降ろして貰いました。淡路の島には多くの鍛冶工房があり、今は黒曜石に代わりテツで鏃《やじり》や鍬《くわ》なども作っています。どうも私にはテツや刃物の縁があります。淡路でしばらく経つとそこのかしらが、ここの鍛冶工房の出店が難波にあり、難波の近辺やその他の国の人々が使う鉄やハガネの製品を扱っている。製品については職人の男が対応するが、やって来た人達の接待や打ち合わせ前後に一寸した料理を出すのに、人あしらいの上手い女が欲しいと言う。彼の頼みを承知して難波に移ると、そこには鉄に関連して百済や新羅から、また川の上流の葛城、さらには尾張や東国などからも人が来て、様々な噂も入って来ます。最近は任那からホムダワケ様が来られたとか、百済から来た男が近くの国の鉱山に来ている話なども入って来ました」。

「なるほど。しかしなぜ淡路の鍛冶工房の職人たちは、みんな一緒に難波の津に出て来ないのか。そのほうが出店を置くより、よほど手っ取り早いだろう」。

「いま倭はどの国でも、鍛冶工房の鉄製品を作る技術や職人たちは引っ張り凧ですが、彼らには落ち着いて腕を磨き、安心して住む場所がほしいのです。いまの難波は洪水が多く、また敵国から住民を守ってくれる首長も居ない。その心配がなくなれば、きっと彼らは喜んで淡路から難波へ移ってきますよ」。

長い髪を掻き揚げるときに見せる怪しい眼つき、真っ赤な口からとび出す意外な言葉、遠い国も、将来まで見通す力を持つ、話に聞く神界に住む巫女か、邪馬台国のトヨの生まれ変わりか。

「もうすぐ我々は船の修理を終えて、海が荒れる冬になる前に任那に戻り、父王と、今後難波でどういう風にやって行くか相談する。来年こちらへ来た時にまた話を聞きたい」。

「これから任那へ行くなら丁度良い。途中で船を淡路の港に寄せて鍛冶工房を見、職人頭らの話を聞いてみて下さい。大した手間はかかりませんよ。私も淡路島までご一緒します」。

淡路島は瀬戸の内海に浮かぶ沢山の島の中でも一番大きく、切り立った岩肌が海に迫り、潮の満ち干が大きく激しい海流に妨げられて、数か所の港以外には簡単には近付けない。島北部の高い台地を切り開いて職人の住居群があり、その一角に彼らの鍛冶工房の窯が点在していた。百済の谷那鉱山に似た工房を見て回り、集会所風の建屋の中で職人頭ら数人と話し合った。

「二十年程前、我々は百済や新羅などからこの淡路に辿り着き、鍛冶工房を建て製品を作り始めた。淡路には炭焼きに使う木も多く、孤立した島で治安が良く、船便も良く鍛冶の仕事がやり易かった。しかし最近は鉄艇の入手が増える注文に対応できず、従来の鍛冶技術では作れない刃物や馬具を欲しがる人も多くなった。また外敵から自分たちを守る力に限界を感じています。

先日アカルヒメから貴方様が難波で進めている話を聞き、我々もその地に移って一緒に協力したいと思ったのです」。

八章　難波工事の始まりと波乱の幕開け

冬になる前に無事海峡を渡って任那へ戻り、一年以上かかった倭での活動を王に報告した。

「倭の人々に聞くと、倭は近年とても大きく変化しています。最近は多くの人が大河に近い低地に住み、協力して水害対策を行い、大規模な稲作で多くの収穫を得るようになりました。吉備、出雲、ヤマトなどの国はさらに大国化を目指しています。朝鮮半島に比べて倭の国は雨が多く、水害も頻繁に起るが、山に降る雨で水田は潤い、製鉄用の木を切っても、山の木はすぐまた育つし、船を作る大木も手に入れ易い。任那が難波・住吉の地に新たに交易の拠点を作れば、葛城を通じて伊勢・尾張や更に東国とも交易を増やせる。こんな倭国と共同すれば、任那はやがて新羅や百済に負けない国になるでしょう」。

ついては、難波の拠点を作るに当たり、大規模の治水工事が必要なので、いま任那に住んでいる中国系職人の中から、適した人間を選んで送り込みたいと頼むと、王は正月明けに人選などについて相談しようと答えた。

ひとまず大役を果たしたホムダワケは久しぶりに我が家に戻り、新婚早々離れていた愛しい妻と最近歩き始めた息子・ホムダマワカとの一年半ぶりの再会を喜び、ようやく訪れた穏やかな日々を楽しむことができた。

そこに百済から緊急の報せが入った。尚古王が亡くなり、皇太子が新王・『仇首王《きゅうしゅ》』として即位する、正月早々二つの式を行うので同盟国の任那も出席して欲しい、と。

父王に名代として出席してくれと依頼されたホムダワケは、尚古王の娘に当たるアジレ王女を伴って厳しい風雪の中を数人の供人に守られて百済漢城へ急いだ。

尚古王に送られて新婚のアジレと共に百済を出てから僅か二年半、盛大に見送ってくれた尚古王が亡くなった！　余りにも突然な死の衝撃を納得しようと努めたが、思い浮かぶのは元気で威厳に満ちていた頃の王の姿だけだった。


ホムダワケが遠い倭国の難波で新たな活動を始めた頃、朝鮮半島では不穏な動きが始まっていた。

三七五年春、高句麗がとつぜん百済の北部辺境（現在ソウルの北・開城市付近）にある水谷城を襲い、短期間にこれを攻め落とした。

百済の尚古王は、辺境の守護兵同士の小競り合いに敗れたとの報せに腹を立て、直ちに将軍を送り反撃させた。予想外に強い抵抗に合って取り戻せないと聞くと、王は自ら本格的な大軍を編成して高句麗を討とうと声を上げた。高句麗では先年の戦いで百済に無残な敗北を喫した反省から、故国原王の息子・小獣林王《しょうじゅうりん》が中国に倣い本格的な国作りに着手し、今も着々と国力を強化中と聞いて、尚古王は今のうちに高句麗を叩かないと百済の将来は危ないと焦っていた。

しかし、尚古王の命令に皇太子や部下たちの動きは鈍かった。またその年は冷夏で秋の収穫が乏しく、王が思うほどの兵を集められない。北への出兵を一日伸ばししている間に早くも雪が降り出し、その年の出兵は諦めるしかなかった。

王は思うように行かない事に苛立って、飲酒にふけるようになり、やがて十一月に入って突然倒れ間もなく息を引き取った。思いがけない急な展開に驚いた百済宮廷では、皇太子の手で慌しく旧王の葬儀を行い、引き続いて正月早々仇首《きゅうしゅ》王として即位することになった。ホムダワケとアジレ王女は任那王の名代として久しぶりに漢城を訪ね、慌しい日程で行われた二つの儀式に参列した。

その後しばらく漢城に滞在して、旧知の人々と懇親しようと思った。しかしうす暗い広い部屋に集まった人々はこれからの百済は、自分たちはこれから……など、わが身の事に忙しく部外の者と話す余裕は無さそうだった。

早々に百済を去る前に高興博士に別れの挨拶に伺った。偉大な尚古王が急死し、百済の将来も王を後ろ盾としてきた自分の将来も、怪しくなったと暗い表情で語った。

三十年以上にわたり絶対的な権力を握ってきた尚古王の突然の死が百済に与える影響は大きい。予定していた高句麗出兵も取りやめ、しばらくは体制の立て直しに専念せざるを得ない。その上尚古王亡きあと、先王が決めていた皇太子の即位に反対する一派もあり、即位早々の仇首王が体制を固めるまでしばらくかかるだろう。百済には扶余族以来の末子相続の意識も残っていたし、兄弟間でも有力な母親方が背後で争う様子を示すなど、尚古王の考えた父王系長子による安定した王位継承は定着していなかった。百済の混乱が長引き任那を支援する力が弱まれば、好機と見た隣国の新羅が任那へ侵入するかも知れない。

ホムダワケは少しでも博士の気持ちを引き立てたいと思って、今進めている任那の倭の拠点作り、難波の湖の干拓と港作りの計画を説明した。順調に行けば博士を招請したいと云うと、少し笑顔を見せ「私も協力したい、元気の内に是非迎えに来てほしい」と言った。

ホムダワケは任那に戻り、百済・漢城で出席した故古王の葬儀と仇首新王の即位など一連の儀式の様子を父王に報告した。

「ご苦労だった。尚古王にはまだやりたいことが多くあったので心残りだったろう。この際任那でも今のうちに重要なことは関係者の間で意志合わせをし、いざという時に混乱しないようにしておきたい。お前と相談して置きたいことがあるので、明日もう一度来てくれ」。

翌日再度王の部屋に行くと、最近は殆ど会ったり話したりすることの無い兄の皇太子も来ていた。成長した兄弟間の少し気まずい雰囲気を破るように父王が話し始めた。

「百済王の突然の死と代替わりを経験して、この際われわれも親子や家族内の問題など、腹を割って話し合っておきたい」。

促された皇太子はしばらく黙ってホムダワケを見ていたが、やがて重い口を開いて、

「私の息子オオサザキは、この前母親の里方に当たる熊鰐の祖父さんたちが倭で戦った話を聞いて、自分も倭へ行きたいと思ったようだ。近いうちお前たちが倭の難波の件で、父王たちと話し合うと聞き、自分もそこに出席したいと言いだした。

これからホムダワケらが倭の難波で始めるのは長くて地味な根気の要る仕事で、とてもお前のような子供には無理と説得したが、昔ホムダワケ叔父さんが父王と共に百済・漢城へ行ったのは、今の自分と同じ位の年齢だった、自分ももう一人前の大人です、と言って私の話に耳を貸さない。

そこで済まないが、お前からうまく説得して呉れないか。親の私から見て、オオサザキは訳もなく我を張る子供ではない。順を追って説明してやれば、きっと分かってくれるだろう」。

「私が話しても良ければ説明しますが、それでも彼が倭へ行きたいと言ったら、どうしますか」。

「どうしても倭へ行きたいと言えば、その時は仕方ないだろう」。

「お兄さんさえその覚悟なら、私からオオサザキに説明します。この仕事は今後二十年、三十年と続くでしょうから、若い人が加わると心強いし、みんなも喜んで迎えるでしょう」。

「では説得の方をよろしく頼む。最近私は体調が良くない、オオサザキが傍に居てくれた方が心強いが、倭で立派な仕事をしていると聞けばそれもまた好いだろう。

私には三人の妃が居り、恥ずかしい話だが、各々の里方は自分の血筋の王子を次の皇太子にするため陰で争っている。特に任那と同盟している高霊国から来た妃は、自腹のオオヤマモリ王子を立て、倭の

熊鰐系妃のオオサザキ王子を有力な対抗者と見做して競っている。私の死後、百済や新羅のように互いに血を見る争いになるのが心配だ。オオササギが倭へ行くことになれば、争いの種が減ったと思って慰めよう」。

ホムダワケはオオサザキと会い、倭の現状とこれから始める難波・河内湖の工事について、彼の質問に答える形で説明した。まだ子供と思っていたオオサザキが、気まぐれの興味ではなく、案外しっかりと自分の考えを持っていることが分かった。

色んな質問をしてくるオオサザキと話している内に、自分の方でも、今取り組んでいる難波の仕事に対する考え方ややり方を、変える時が来たと思った。これまで自分は一番若く経験も少ないので、周りの人々に負けまいと張り切り、目の前に現れる問題に手あたり次第取り組んできた。自分より十歳も若いオオサザキが入って来たら、変に彼と張り合うより、さすがと思われるようにしなければならない。目の前の仕事を自分の手でやれないのは寂しいが、今後自分の役割は全体の方針を決め、各人の役割を定め、各人が分担して実行するようにすることだ。問題が起これば関係者を集めて協議し、解決する迄を見守る。父王の任那で治めるやり方を参考に、経験を積んで行きたい。

結論として皇太子と王には、オオサザキの倭へ行く意思は固いので一緒に連れて行きたい、と答えた。

一段落したので、難波のこれまでの経過と今後の方向を父王に説明して、任那からどんな支援をえられるかと尋ねた。

「倭の難波で工事を始めるに当たり、任那は最初の贈り物として一荷の鉄艇を提供する。今こちらも厳しい状況なのでそれ以上の援助はできない。その後は自分たちで工夫して、必要な費用は倭の方で独自に調達して工事を進めて欲しい」。

「難波はもっと多くの支援が欲しいですが、任那の現状を考えればやむを得ないでしょう、我々の力で任那と倭の諸国との交易を盛んにして、工事に必要な人数や物を手に入れます。瀬戸内海の航路を通して任那から入手した鉄で、これまでの倭に無い鉄製品に加工して諸国へ供給して稼ぎます。鍛冶は難波に近い淡路島の職人を使う積りですが、そこに他国の邪魔が入らないようにするにはどうすれば良いでしょうか」。

「淡路島の対岸に軍事拠点を作り航路の安全を確保すると共に、その脇に鍛冶や牧などを設けたらどうか」。

「その拠点を護る兵はどこで工面したら良いでしょうか」。

「日向の諸県君に加勢を頼んだらどうか、いま北九州の洞の海の牧を守っている日向兵と、更に日向兵を追加してその拠点に送り込んで欲しいと」。

「洞の海の兵を回すのはとも角、追加の兵を送ることまで諸県君はウンと言うでしょうか」。

「自ら直接向こうへ行って、頭を下げて頼むしかないだろう」。

「分かりました。間もなく難波へ出発しますが、私は途中で分かれて日向に寄り、王に頼んでみます」。

ホムダワケは早速難波の主力メンバー、葛城ソチヒコと大伴武以を呼んで、オオサザキが新たにメンバーに加わること、今後難波の仕事を次のような組織で分担することを伝えた。

・工事現場班は大勢の労働者を使って実際に難波の堀江を作る仕事を担当する。班長は大伴武以、副はオオサザキ王子、作業の統括は土師兎で、任那から新たに加わる秦理成、秦頼直が治水工事の技術を担当する。

・供給支援班は物部麦入が実務を担当し、工事現場の作業道具や労働者の食事や宿舎を提供する。

・工事を含む難波国全体の進め方はホムダワケが統括し、顧問として葛城ソチヒコが担当する。

四月に入り準備を整えた一行は、任那から難波に向けて出発した。ホムダワケ一人だけ途中の北九州で分かれて日向へ向かった。

日向を去ってから二年ばかり、時々思い出すことはあるが、暴風で海に投げ出されてからの出来事はすべて夢のような気がする。あの時はずいぶん親切にしてもらったのに、自分からは何の連絡もしなかったので、きっと冷たい男と諸県君も泉長姫も怒っているに違いない。船が日向の港に近づくと大勢の人たちが出迎えに出ていた。ホムダワケの目は、やがて群衆の中の一点から動かなくなった。泉長媛が小さな子供を抱いて、笑顔で手を振っている姿だった。その時、世事に疎いホムダワケにもようやく分かってきた。自分の知らない間に子供が生まれ、大きくなっていたのだ。

諸県君は相変わらず元気で、大きな声で話始めた。

「婿殿の願いは、何でもお聞きしますよ。難波へは日向の人間も時々行くので、難波と淡路島との便を考えると、どこが良さそうか見当が付きます。私からもその辺を行き来している船人に聞いてみましょう。とにかく貴方が元気でまた来てくれたので嬉しい。泉長媛も喜んでいるし孫の『髪長媛』もすっかり可愛くなったでしょう、婿殿も抱いてやってくれ」。

諸県君から『婿殿』と言われる度に、自分の薄情さを想ってやり切れない気持ちになった。幼い髪長姫は、大勢の視線を受けて恥ずかしそうに母の後ろに隠れていたが、上目遣いに母の顔を見ると嬉しそうに笑っていたので、安心してホムダワケが差し出す手に飛び込んで来た。その場の成り行きで、ちょっと抱いて見せる程度と思っていたが、抱いた幼児の重み、満ち足りた笑顔から、急に親としての幸福感と責任感が湧いてきた。


翌日、諸県君はホムダワケの所へ来て、「淡路島の対岸に瀬戸の内海航路の拠点を作る件で、難波の南にある『紀国（和歌山市近辺）』にも協力して貰いましょう」と話し始めた。

「日向と紀国とは昔から船人同士の行き来があり、気軽に相談し協力し合う間柄です。日向から難波はずいぶん遠方で、紀国はさらに遠いと思うでしょうが、案外近いのですよ。四国の南側を北上する海流・黒潮に乗れば数日で紀国に着くこともできます。ただ熟練した潮見が船の舵を取らないと、潮の流れに乗ってどこへ行くか分からなくなる恐れがあります。

適地を選んで拠点を作るにも、出来た拠点へ日向から多くの人間を送り込む時や、拠点に日向の人間が常駐した後に一度に多くの敵兵が攻めて来た時も、狼煙《のろし》を上げて紀国の助けを頼むこともできます」。

陽気で大雑把に見える諸県君が親身になって、僅かの間に良案を出してくれたので、ホムダワケは何度もうなずいて感謝した。


次にホムダワケが気にしている微妙な話に移った。

「もう一つ大切な話。娘の泉長媛の件ですが、多分貴方が居る任那や難波に妃として住むのは難しいでしょう。私の方で娘を独身の日向の女王とし、実質的な政治は親族の男にさせようと思っています」。

ホムダワケは「自分はとてもそんな先の事まで考えてない。諸県君に同意するので宜しく。ただ幼い髪長媛はやがては自分の娘として、然るべき相手を選んでやりたい」と主張して、双方で留意しておくことになった。

「海人族には昔から、海で一度死んだ男には運がある、と言い伝えています。日向の海で遭難して助かった強運の貴方には、我々も応援のしがいがある。今後もご無事で頑張って下さい」。

そう言う諸県君の傍で、泉長媛は父親に頭を下げ、また夫を向いてこれからも日向に来て下さいねと言うと、幼い髪長媛まで母に倣ってチョコンと頭を下げたので、どっと笑いが上がった。

遅れていたホムダワケが日向から到着すると、さっそく説明会が開かれた。

一か月ほど前に難波へ着いた大伴武以が話し始めた。私の船には、任那から二人の河川工事の専門家が加わったので、この地に住む土師八嶋が河内湖の周りを案内した。自分も脇で聞いているうちに、話を理解し議論にも入れるようになった。秦氏の二人は河内湖を巡る船から降りて、地元の人、特にその地の老人を見つけると、大和川と淀川から流入する水の四季の変化、河内湖の水面の変化と洪水との関係、土手が切れて溢れた水はどんな経路で茅渟の海（＝大阪湾）へ流れるか、難波津と少し離れた住吉津との使い分けなどを聞いていた」。

続いて工事計画を担当する事になった秦理成が、

「我々には二つの川と湖の洪水対策の後に、周辺の湿地帯を整備し干拓した広大な農地へ水を供給する、安定して海と川をつなぐ船の港を整備するなどの工事が待っている。

しかし一度にあちこち取り掛かると、問題が起きた時に収拾がつかない。まず難波の堀江の開削工事を始め、工事の進み具合やその結果を見て、次の工事に取り掛かるようにしたい」。

細い棒の先で地面に絵を描いて、指しながら話を進めた。

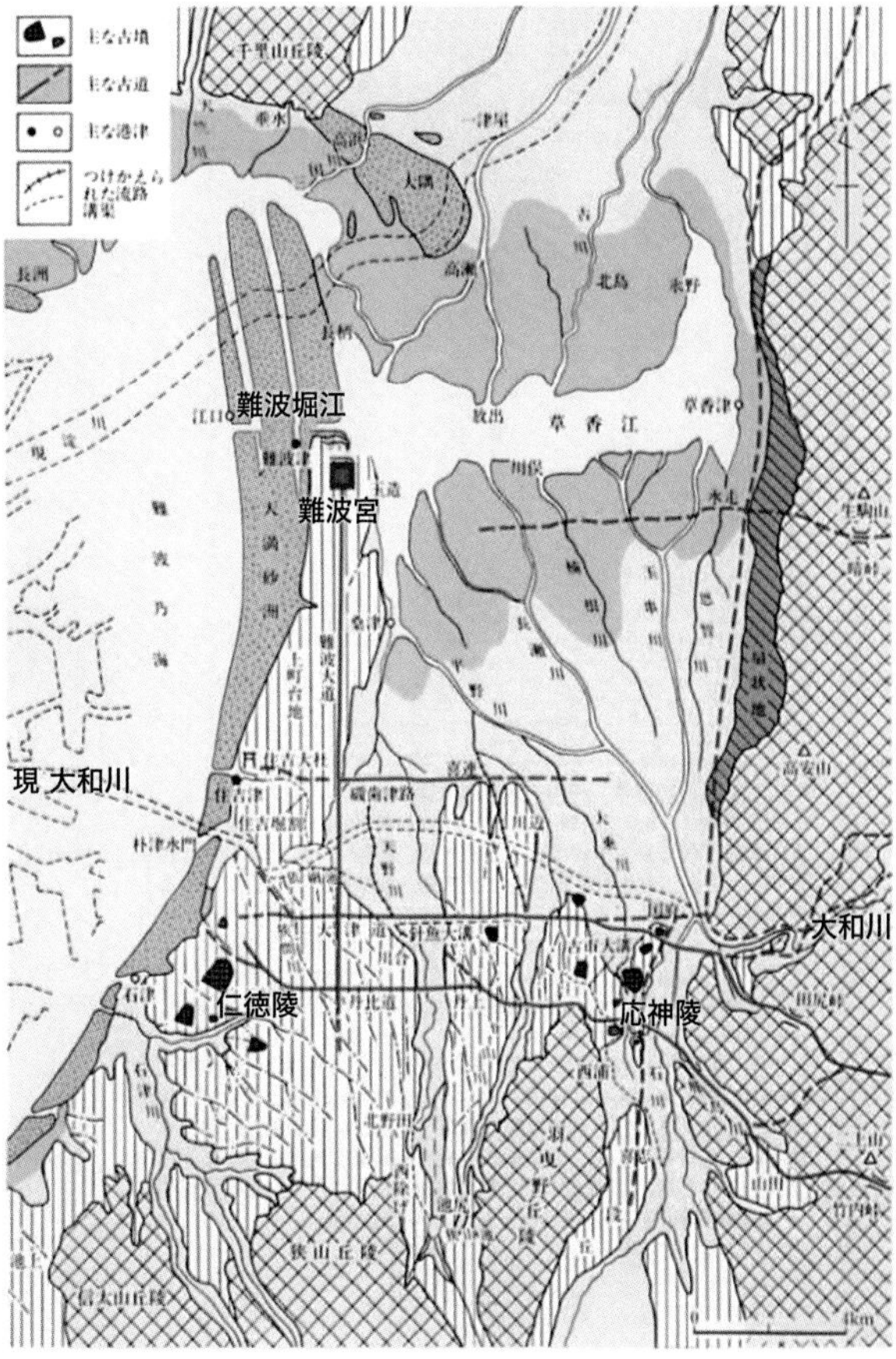

図2-4　古代河内湖（草香江）と流入する淀川、大和川（出典）講談社学術文庫『地形からみた歴史　古代景観を復原する』日下雅義

「ここ難波の地は、南の和泉の方から細く伸びてきた上町台地と、淀川の上流から運んだ土砂が堆積してできた砂州とがぶち当たった所にある。上町台地には高さ三丈（約一〇m）程度の丘が背骨のように走り、稜線は狭い平地を抱えて片側は河内湖へ他方は茅渟の海へ緩やかに低くなっている。

堀江を掘る場所は、台地の西北端で砂州と突き当たる辺りが最も幅が細くて良さそうだ。土師八嶋氏は古墳作りなどの経験から云うと、その辺の河内湖の沿岸から茅渟の海まで、およそ大きな古墳を十〜十五個縦に並べたように地面を整地し、その中心を縦に貫いて堀江を掘って行く感じだそうです。

本格的に堀江工事を始める前に、まず『整地』しなければならない。つまりその地域の立木を伐採して焼き払い、切り株を抜いて荒起こしをし、また地表にある雑物や大きな石・岩を除去するのです。これらの作業は少し時間がかかるが、本格的に溝掘りする前に終えなければならない。早速今から我々が中心となって堀江を掘る場所を決め、そこの整地作業を始めます。土の作業に慣れている土師一族に協力をお願いします」。

次に秦頼直氏が、溝を堀る作業について具体的に説明した。

「堀江は湖の洪水を防ぐと共に、湖と海の間を船で行き来する運河にも使うので、船が楽にすり違える幅、荷を積んだ船の底がつかえない深さとして堀の切り口を決めます。堀の両側には洪水除けの土手を築き、湖から海の方へある程度の傾斜をつける。ざっとこんな切り口になるでしょう。

長期間にわたる工事を効率良く行うには、職長が毎日現場に出て、作業者に毎日土を掘る鍬や掘った土を運ぶ道具などを支給し、決めた仕事を滞りなく行えるよう、欠けた作業者・作業用具の補充や、食料の調達や宿舎の手配することが重要になる。これらに慣れた土師氏を始め多くの人々と協力してやって行きます」。

数日後、アカルヒメが何か吹っ切れたような顔で宿舎にやって来た。

「私は二人の男の行きそうな所を探したが、ヒボコは倭に来てからもあちこち立ち寄り、今はタニハの首長から絶大の信頼を得て娘を娶り、人々にテツを作る方法を教え、アメノヒボコと呼ばれ敬われているそうです。アラシトの方は、今はツノガに落ち着いて『ツノガアラシト』と名乗るかしらになっているようです。今は二人共、私の事などすっかり忘れたでしょう」。

それを聞いてホムダワケは「私はいまハリマの辺りに難波航路を守る新拠点を作ろうとして、そこの守りをどうするか思案中だ。今の話からうまい方法を思いついたぞ。タニハがハリマを攻撃しないようにツノガの兵を使ってタニハを牽制する策だ。

問題は、どうすればツノガをこの案に乗って来させるか」。

「それは簡単よ。貴方の難波の工事では、淀川を上る船の港を整備しますね。その目的は何でしょう。難波から船で淀川をしばらく上ると、淡海《あうみ》（琵琶湖）という大きな湖に入り、そのまま船で淡海を渡り対岸の港に着く。船を降り、歩いて山の峠を越え数日行くとツノガの国に着きます。

ツノガはテツが欲しいので今は嫌なタニハと手を握っているが、難波からテツが得られるなら、キット難波を選びますよ」。

「ヒメを信じてその話に乗ろう。口利きを頼む」。

「私をそのツノガまで一緒に連れて行ってくれれば、アラシトと話を始める糸口までは引き受けますよ」。

往復二十日程度ならこちらが出ていくからとアカルヒメに交渉を任せた。先方が了解したというのでツノガへ出発した。梅雨明けの頃で淀川の水量も多く、船も順調に上って行く。アカルヒメの言う通り、淡海の向かい岸の港から山道を登り、また下りて、細い湾の一番奥にあるツノガの館に着いた。どこを向いても山また山の倭国の中に、日本海へ抜けるこんな通路があるとは全く思いがけなかった。

初対面のアラシトは武人らしい立派な体格で性格もさっぱりしており、かつて百済で一緒に仕事をしたアメノヒボコとはずいぶん違う。アカルヒメの男を見る目の多様さ、頭のキレの鋭さに、今さらながら感心した。

アラシトはこんな辺鄙な所へよく来てくれたと痛く恐縮し、一寸打ち合わせただけでホムダワケの出した提案に合意した。

・ツノガは従来新羅・出雲を経由して鉄艇や鉄製品を手に入れていたが、今後は百済・難波経由に変え、タニハ側の報復に備えて国境に兵を置く、

・難波との交易を拡大するため、両国は協力して難波から船が淀川を通り淡海へ行く航路を整備する。

予想以上に短い間に話し合いが済んだので、この際アメノヒボコに会ってみたいと言った。アラシトはしばらく考えて

「貴方のご希望は分かりました。しかし今我々はタニハと仲が悪くて、何時どんなことが起こるか分

かりません。是非と言われれば、次のようにしましょう。ここから西へ四、五日行くと、先方に小高い奇妙な形をした国境の山があり、山の向こうがタニハです。ツノガの人間に貴方をその山のふもとまで案内させます、後は一人でその山に登り、アメノヒボコと会って下さい。しかしあなたの意向が向こうに伝わるか、それでヒボコが山へ来るか、我々は知りませんよ」。

タニハとの国境に到着すると、かってそこが火を噴いた跡という小さな池の周りを、荒涼とした山々が囲み、奇妙な山容は神が火にかけて煮炊きした大きな鍋の渕と伝えられていた。

ホムダワケはアラシトから言われた通り、ふもとから一人で山の頂上を目指して登った。

頂上に着くと急に天気が変わり、風雨が強くなったが、その中でひと晩中火を焚いて祈り、タニハの方に向かい

「アメノヒボコ！、アメノヒボコ！」と叫び続けた。

ホムダワケが来た、うわさが伝わるとタニハの兵に動揺が拡がった。新しい製鉄技術を教えてくれた神のようなアメノヒボコが、恩義あるホムダワケとは戦えないと言うのだ。

暗闇を切って激しい雨が降り、四方で稲妻が走り、雷鳴が轟く。

その中を一瞬黒い影が走り寄るのが見えたという人も居て、それが当のアメノヒボコか、客人を支えようと付いてきたツノガの従者か、密かにホムダワケの後を追って来たアカルヒメか、様々にいう人が居た。風雨に荒れた夜が明けると、太陽が昇り、ホムダワケは疲れ切った姿で山から下りてきた。

ツノガでアラシトと別れて、国境の山を登って近江へ戻る道の途中、ホムダワケはアカルヒメに語り掛けた。

「今度の件では、色々ありがとう。お陰ですべてうまく行った。何かお礼をしたいが、何か欲しいものは無いか」。

「お礼など……、私はもう頂いています」。

「はて、おかしなことを言う。私はこれまでお前に何かやった覚えはないぞ」。

「貴方に覚えがなくても、私は一番大切なものを頂きました」。

「そんな大切なものを、何時お前にやったと云うのだ」。

「先日、ツノガとタニハとの国境の山で、雨が激しく降っている夜中に、山を下りて来る貴方を迎えに行きました。激しい雷の光の中で、私はようやくあなたを見つけて駆け寄りました。その時ひときわ大きな雷鳴が響いて一瞬気を失ったようです。気が付いた時にはあなたの胸の中にしっかり抱きしめられていました。その時私の体の中に、貴方の気が流れて、私の体の中に新しい命が生まれたのです」。

「なんと不思議なことが……」。

「以前伺いましたが、お母君オキナガタラシヒメは赤子の貴方を残して戦場で亡くなられたとか。きっと心残りでしたでしょう。私は今度の仕事を最後に動き回ることをやめ、授かった子を自分の手元で育てながら、地道な生活をして行きます。

安曇川《あど》が淡ノ海にそそぐ河口の高島に、知り合いが宿を世話してくれたので、これから生まれる子と一緒に私はそこに住みます。今夜はそこに泊まり、明朝貴方は淡ノ海を下って難波へお行きなさい。私たちはそのまま高島に住み、貴方が時には寄ってくれるのをお待ちしています」。

「そこまで覚悟して今後の手配まで済んでいるなら、お前の考えている通りにしよう。しかし、お前が難波に居なくなるのは寂しいなあ」。

「そう言って下さると私も別れが辛いですが、貴方はこれからやることが沢山あります。どうぞ心置きなく頑張ってくだささい。何時かまたお役に立つこともあるでしょう」。

「残念ながら明日はもうお別れだ。お前のことを忘れないようお前の名前に私の母のオキナガを付けて、オキナガアカルヒメ（息長阿軽比売）と呼ぶことにしよう」。

ホムダワケは障害になりそうな課題を解決したので、難波に戻ると物部麦入、葛城ソチヒコの他に、日向、淡路、ツノガから来た代表を加えて話し合った。難波から船で行くと淡路との中ほど、海岸沿いの地（後に『敏馬《みぬめ》』と呼ぶ現在の神戸市灘区）を拠点に決めた。

間もなく日向から兵約百人とその家族が、淡路からも数十人の鍛冶職人とその家族が工房と共に移って来た。彼らは直ちに難波の堀江の土木工事を担当する土師氏と連絡を取り合って、掘削作業者達が使う鍬を作って納める仕事を始めた。

この工事では従来の全木製の鍬の代わりに新渡来の鉄製の鍬を採用したが、鉄薄板の刃床の部分は土に深く食い込み、また離れ易いので土を掘り起こす作業が大幅に改善され、難波の堀江工事は目に見えて早く進むようになった。薄板の刃床部分は本拠の淡路島に居る鍛冶職人が作り、敏馬に移った職人は送られて来た鉄製の床部に掘削作業者が握る棒状の木の柄を取り付けて、一体の鍬として工事現場へ出荷する。また掘削作業中に木製の柄が折れたり外れたり、刃先が鈍ったりした鍬は、送り返して修理する。こうして難波の堀江掘削現場と敏馬の鍛冶工場の間は小船が行き来して、工事は順調に進み出した。

やがてその地は瀬戸の内海を通る船の安全を守り、時には難波の補助港として協力しながらその発展を支えた。

繋栄した様は二百年ほど後、飛鳥時代を代表する歌人柿本人麻呂の万葉歌（三／二五〇）に伺える。

玉藻《たまも》刈る敏馬《みぬめ》を過ぎて夏草の野島が岬《さき》に船は近づきぬ

玉藻刈る：枕詞、野島岬：淡路島西北にある港

九章　ホムダワケ　任那の王へ

まず本工事の前段となる測量工事として秦理成と土師八嶋が、河内湖から海まで通じる溝の位置を決め、河内湖畔に約五十米隔てて左右一対、高さ約二米の基準丸太杭を打ち、杭の頭に巻き付けた縄の先を茅渟の海に向かって約５ｍ先に設置した縄張り杭の頭に巻き付けて……、逐次伸ばして行く。こうして長く張られた左右の縄の内部が堀江工事をする地域（縄張り）を示す。次いで縄張りで囲まれた湖畔から茅渟の海に至る区域で、障害となる立木を切り、岩などの障害物を除く整地作業を行う。

続いて大伴武以と秦頼直が、整地作業が済んだ所から逐次上流の河内湖側から茅渟の海へ向かい、多くの作業者を使った本格的な溝掘り工事に取り掛かった。

大伴武以は現場に駐在して、作業が順調に進むよう指示した。作業者を幾つかの班に分け、各班の班長は毎朝配下の作業者を集めて今日の作業を確認し、作業に使う鍬やもっこを各人に支給し、作業が終わると作業用具を返却し、発生した問題を報告させる。

掘削が済んだ所から、秦理成の指示に従い、土手斜面が崩れないように根の張る草や柳の木を植え、水が流れる溝の両脇は石垣で補強し、底部は水がよどみなく流れるように処置した。

こうした気が遠くなるほど単調な土木作業により、一日一日では僅かな変化だが、大勢が毎日繰り返すと作業場所が次第に下流へ移って行き、やがてこの先はきっと茅渟の海へ達するだろうと誰もが胸をふくらませるようになった。

一人遅れていたオオサザキが生まれ育った任那に別れ、船に乗ってはるばる倭の難波へやって来たのは、掘削工事が軌道に乗り出した頃だった。差し当たり大伴武以の脇に詰め、ホムダワケらの居る本拠と工事現場との連絡に行き来しながら、堀江工事の進め方、大勢の作業者の使い方などを覚えて行った。遅れて加わりその仕事や生活に慣れなかったので、しばらくは作業者にば声を浴びて落ち込む日もあったが、我慢して働く内に仕事にも慣れ、半年ほど経つ頃には落ち着いて周りを見られるようになった。

ここで働く人々は任那の同様な人々と比べて、支給される食事や宿舎は貧弱だし、特に監督が厳しくなかったが、病気とか家事の都合を口実にして突然休む人は少なく、毎日熱心に働いている。何故かと、大伴武以に聞いてみた。

「堀江工事が完成したら、各人はそれまで働いた日数に応じて自分の土地をもらえることになっている。彼らの多くは近隣から逃げて来た人や朝鮮半島から移住してきた人たちで、先住者の居ない荒れた土地に貧弱な小屋を建て、周りに僅かに稲を植え湖の小魚を捕えて、飢えを凌いで暮らしている。そこは毎年のように洪水が襲うが、この堀江工事が完成すれば、働いた日数に応じて洪水の心配のなくなった土地を貰える。彼らはその時を夢みて日々の厳しい労働に耐えている、我々もまた彼らを裏切らないように頑張らなければならない」。

彼らの何の迷いもなく働いている姿を見ている内に、オホサザキは急に不安になって来た。自分は今の使い走りのような仕事を何時まで続けるのだろう。きっと彼らは急に任那から来た自分を、迷惑なお客様と思っているに違いない。

葛城ソチヒコは偶然立ち寄った難波の工事現場で、オホサザギがふさぎこんだ顔をしているのを見て、傍に行って何を悩んでいるか聞いた。一人で淋しかったようだ。この際少し仕事を休ませて、気持ちを転換させた方が良さそうだ。そう考えたシチヒコは彼に数日の休みを取らせ、川船に乗せて葛城の自分の家に連れて行った。葛城へ行く船の中で、ソチヒコはオホサザキに熱心に語りかけた。

「お前がいま難波でしていること、それ自体は大した意味はないだろう。しかし叔父のホムダワケは、きっと今のお前に次の段階に飛躍する準備をさせているのだ。この地の生活が少し落ち着いた今のうちに、将来自分は此処で何をしたら良いか考えて、準備するのが良さそうだ。

それは大伴武以の仕事とも俺の仕事とも違う、きっと誰も知らないお前にしか出来ないことだろう。ホムダワケも任那のナカツヒコ王も、漠然とそんなことをお前に期待しているのだ。それは例えば、何年か先難波の堀江が完成した後を想像して、自分はそのために何をしたら良いか？」。

うっそうとした木立に囲まれた葛城の家では、大勢の家族が心から歓迎してくれた。大勢がわいわい言いながら食事をする、そんな楽しい雰囲気を生まれ育った任那の王宮で味わったことが無かった。任那を出てからこの半年、緊張してやって来た毎日から離れ、童心に帰って遊んでいるとこれまでの悩みがスーと消えて、新たにやる気が湧いてきた。

そしてここまでの道中で葛城ソチヒコが云った言葉を思い返した。難波の堀江が完成したら、いま湖の周りの広い葦や蒲が生えている湿地は、やがて洪水の心配のない広い土地に生まれ変わり、やがて緑の稲田や人の住む土地、大勢の人々が暮らす街になるだろう。この工事完成後の、なるべく多くの人々が喜ぶ素晴らしい計画を立てて、その方向に導いて行くことが必要ではないか。

いま叔父のホムダワケらが働いている難波の本拠には、間に合わせの貧弱な建物が並んでいるだけだ。いずれ難波には任那や百済に負けない立派な宮殿を作り、自分を追い出して大威張りしている異母兄・オオヤマモリの鼻を明かしてやりたい。

新しい国に相応しい街や宮殿はどこにどのように作るか、またどこに灌漑水路や大きな道路を通したら好いのか。生まれて初めて自分が描いたそんな夢を、自分の力で是非実現したいと思った。

次にオオサザキがホムダワケに会った時尋ねた。

「叔父さんは今度難波に出来る土地に、どんな宮殿や街を作ろうとしているのですか」。

ホムダワケは虚を突かれたように

「自分もそれを考えなければと思っているが、忙しくてつい後回しになっている。お前がそれをやる気があるなら、丁度良い、新しい国に相応しいものを考えてくれ。任那や百済の街や宮殿などを調べて、身近な葛城やヤマトの国とも比較したらどうか。私の方でその辺に詳しい先生を中国や朝鮮から招いても良い。中国は国の大きさも人々の生活も倭とだいぶ違うから、単純に真似る訳には行かないが、考え方を学ぶには良いだろう」。

　難波に来てから時々会うようになったホムダワケは、大勢の人々の中で忙しそうなので少し敬遠していた。しかし自分の幼い思い付きを喜んで真面目に対応したので、始めて自分の意義ある仕事を見つけた喜びを感じた。


　オホサザキは難波の堀江が完成した後の計画を真剣に考えながら、他方で葛城へ行って磐の媛に会いたい気持ちが生まれ、次第に強くなった。難波に来てからは殺風景な工事現場暮しで、若い女性に逢うことも無かったので、初めて会った磐之媛の美しさ優しさに心を奪われるのはきわめて当然の成り行きだった。

　自分なりに葛城の首長から葛城国と周辺のヤマトの国々の政治について聞くという名目をつけて、葛城の家を訪れる機会を増やして行った。ヤマト諸国の中でも葛城は三輪に次ぐ大国と言われるが、統治の仕方は昔風で、かなり配下の部族の自由に任せているようだ。

　苦心して訪ねて行っても、何時も磐の媛に会える訳でもなかった。葛城を訪れるのは、新しい難波の国を作る参考にという目的は従で、磐の媛に会って話す方が主目的となり、次第に一緒に過ごす時間も増えて行った。二人の想いは次第に高まったが、難波の職場で折悪く一寸した事故が起こると、急に葛城へ行けなくなることもあった。長引いた事故処理が一段落し、彼が久しぶりに磐の媛の部屋を訪れると、彼女は目を閉じ厳かな顔をして、普段とは全く違う声で何事か唱えていた。小さな声で呟くように始まり、次第に大きくまた歌うような節を付けて高まり、やがてまた声が小さくなり、しずかに余韻に浸っていた。

かくばかり恋ひつつあらずは高山の磐根《いわね》し枕《ま》きて死なましものを（万葉二‐八六）

こんなに恋しさに苦しみ続けるより、いっそ高山の岩を枕に死んだ方がましだ

磐の媛は自分の気持ちを、倭で古くから伝わる倭歌で歌っていたのだった。オオサザキは繰り返し聞いているうちに、磐之媛の自分に寄せる心の深さを知り、少し気後れしつつも耳をすまして聞いていた。

磐之媛は、殆ど葛城に居ない夫・ソチヒコを待って嘆く母親を身近に見て来たので、父親のソチヒコや少し前に自家へ来たホムダワケは、たとえ世間の評判が良くても好きになれない、むしろ好きになってはいけないと思っていた。最近頻繁に我家を訪ねて来るオホサザキと話合っている内に、次第に彼を好ましく思うようになった。しかし自分の心配とは関係なく、彼はやがて父と同じような男になるだろう。このまま行くと自分もまた不幸な女になってしまうが、ますます彼を好きになりそうで怖い。そんな心の葛藤がつい声になって出て来たのだった。

磐の媛が素直に己の気持を告白すると、オオサザキにも次第に微妙な磐の媛の気持ちが分かってきた。そこでオホサザキも自分の気持ちを素直に告白した。

自分は任那で育ったが、もうそこに戻る気持ちはない。また先輩たちのように、遠方の国で動き回っ

て仕事をするのは好きでない。これから難波の国作りに専念して、ここの人々と共にずっと河内・難波に住むつもりだ、と。磐の媛は、オホサザキの真面目な説明を聞いて納得し、心からその懐に抱かれ一生ついて行きたいと応えた。

翌日仕事場の難波に戻ったオオサザキは、少し落ち着いて、葛城の家で磐の媛と言い交わした言葉を繰り返し思い出した。自分だけでなく周りの人々にもかなり大きな影響を与えそうな言葉を言い交わしたが、冷静に考えてもそこに嘘とか言い違いは無い。

約束した事によって、今後自分の将来は任那ではなく倭の難波・河内の近辺に限られる、他人からまだお前は若いし将来どんなことがあるかも知れないと云われても、自分はそれで良い、自分が選んだ道だと胸を張って応えよう。

その決意を、まず磐の媛の父、葛城ソチヒコに話して理解を求めた。ソチヒコは、二人の仲が急にここまで進展していることに驚いたが、特に反対する理由もないので承諾したいと妻・葛媛にも伝えた。これまでの自分の身勝手さを詫び、娘を立派な女に育ててくれて有難う、と言い添えた。葛媛は今さら自分たちの事は……と苦笑しつつ、良縁を得た二人の将来を願って了承した。二人のこの目出度い話は、大伴武以を通してホムダワケにも伝えられた。しかしホムダワケには、緊急事態が待っていた。

三七八年秋、任那の父王から突然の呼び出しを受けて、大急ぎで任那へ向かった。

実は任那王家では少し前に大事件が起きていた。かねて病床にあった皇太子に死期が迫っており、息子のひとりオオヤマモリの母方の一族が密かに怪しい動きを始めた。

その狙いは『ナカツヒコ王には直ちに皇太子に譲位させ、その上で新王となった父・皇太子には死ぬ前にオオヤマモリを次の皇太子に指名させる。間もなく皇太子が死にオオヤマモリが任那王になると、自分たちはその側近として国を動かせる』というもの。

しかしこの奇策が動き出す前に、急に父・皇太子の容態が悪化した。焦ったオオヤマモリは単独で祖父のナカツヒコ王の部屋に侵入して、強引に自分の案を採るように迫った。しかしナカツヒコ王は自分には自分の考えがあると、あくまで拒否した。激高したオオヤマモリは腰の太刀を抜いて王に切りかかったが、駆けつけた護衛の兵士に阻まれて目的を達せず、その場で自刃して果てた。既に重体であった皇太子は衝撃のあまり、数日後に亡くなった。

そこでナカツヒコ王は、宮廷内で一連の変事が起きた責任を取って引退し、人心を一新して倭に居るホムダワケに王位を譲ろうと密かに呼び寄せたのである。

ホムダワケは理由を聞いて非常に不愉快だった。自分に関係ない所で起きた身内の争いで、やっと軌道に乗ってきた難波・河内の仕事を途中で抜けて、任那へ戻って王になれ、と。難波の事業はナカツヒコ王の目指す任那の地位を強化すると共に、任那を含む倭の国全体のあり方を大きく変える。その夢の実現こそ私の使命ではないですか。

ナカツヒコ王は、ホムダワケの懸命な主張に苦笑しながら

「そう怒るな。ワシと百済の尚古王との間で結んだ密約を守り、それを発展させられるのはお前しかいない。可哀そうだがオオヤマモリには無理なのだ」。

「どんなことか知りませんが、私には関係ない事でしょう」。

「そう言わずにまあ聞きなさい。高句麗の侵攻に対抗するため、百済と任那は同盟を結んだが、付帯した密約で任那は半島の西南端の土地を利用することが黙認され、代わりに開戦時は百済へ兵糧米を送ると約束した。百済はその地までは手が出ないから、任那の力で百済を支援する兵卒や食料を供給してくれと言うのだ。

それで任那は約束を守ろうと努力を進めて来た。

しかし先年、尚古王が高句麗への出兵を図った時、百済は冷害がひどくて兵馬が集まらず、一方任那もその地で稲作を始めたばかり、まだコメや兵を百済へ送れなかった。

結局百済は出兵を断念し、無念の内に王は憤死された。任那の私にとっても不本意であった。最近の高句麗は隣接する中国の進んだ政治体制を学んで着々と国力を強化しており、間もなく陣容を整えて南へ侵入してくるだろう。だが百済では相変わらず宮廷内のごたごたが続き、落ち着いて国力を増強してない。これでは百済・任那同盟だけでなく、任那の前途も危うい。任那はその地の新田開発と兵の増強を早く進めて、単独でも新羅と戦う覚悟が必要になってきた」。

「事情は大体分かりました、一体それはどこにありますか？」

「朝鮮半島の西南端に『栄山江《よんさんがん》』という、ここの洛東江より少し短いが、かなり水量豊かで流域の広い川がある。周辺の平野はかつて慕韓《ぼかん》と呼ばれ、当時は加羅のような幾つかの族長国に分かれていた。常に北方の強敵・高句麗と対峙している百済の漢城の人々には、そこは遥か南の未開の蛮地で、特に勢力下におく必要はないが、一応他勢力の侵入を阻止していた。

任那とっては近隣の新羅と戦う時、遠方の倭が海を渡って支援に来る迄に、早く駆けつける兵力が欲しい。そんな訳で、任那がその地を使うことになったが、高句麗はもちろん、百済にも任那の人々にも、この件は内緒で進めてきた。

注：栄山江は前羅南道龍秋山（標高五六〇米）に発し多くの支流と合流して河口の木浦港より黄海へ。全長一一六キロ米。河口に平野が発達。

「およその事情と、父王が私に任那を引き継がせたい理由は分りました。今から話を元に戻せないようなので、私が難波の仕事をオオサザキに渡してから、戻って任那王を引き継ぎましょう」。

「済まないがそうしてくれ。お前が戻ってくる前に、任那では私の退位とお前の即位の準備を進めておく」。

「難波の工事関係は大伴武以に、また労働者や必要物資を集めたりする仕事は、物部麦入に任せれば何とかやれるでしょう。

問題は事業の統括をオオサザキに移す件ですが、彼はまだ倭の土地にもあの仕事にも不慣れなので少し心配です。任那に居る彼の弟ウジノワカイラツコ（兎道稚郎子）を難波にやれば、相談相手が出来て少しは心強くなるでしょう。

話は変わりますが、最近オオサザキは倭で相手を見つけて結婚する積りだそうです」。

「それは驚いた、相手はどこの娘か」。

「私も驚きました。相手は葛城ソチヒコの娘で武内宿祢の孫に当たる磐之媛、最近何度か葛城の家に訪ねて行く内に親しくなったようです」。

「当のオオサザキは亡き父の皇太子に最後の挨拶をしたいだろうし、先方の親のソチヒコらが結婚に承知なら、お前が今度こちらへ来るとき二人を連れてきて、こちらの家族や縁者に紹介したら良い」。

ホムダワケは急いで難波に戻ると、主な担当者を集めて自分が任那へ移る大まかな事情を説明した。自分の後を担当するオホサザキを盛り立てて、これまで通り難波・河内の洪水防止とその後の国土作りを進めてくれと頭を下げた。また任那の人々も王一家に起きた悲劇に同情的で、ナカツヒコ王の退位と新王・ホムダワケの誕生を素直に受け入れてくれた。難波に住む前皇太子の息子・オオサザキと葛城ソチヒコの娘・磐之媛の婚儀は、このような時なので内々に行われたが、若い二人には苦難を乗り越えて、明るい未来への期待が寄せられた。

朝鮮半島における任那王位はナカツヒコからホムダワケへ移り、また武内宿祢に代わり葛城ソツヒコが実務を担い、キビツヒコは栄山江へ移りその地の稲作を盛んにし、馬を使う軍備の増強などを担当した。先王のナカツヒコは実務を離れて隠居し、武内宿祢らと共に栄山江へ移り、請われればホムダワケの仕事の相談に乗った。熊鰐氏の一部は任那に残ったが、当主を始め多くはオホサザキを守る兵として倭へ移った。

新体制が決まると、ホムダワケはオオサザキを伴って百済の漢城へ行き、同盟する百済の仇首王へ新任那王としての説明と挨拶を行った。その後高興博士を訪ね、倭の難波の国作りの現状を説明し、適当な学者を派遣して欲しいと頼んだ。博士は真剣に説明するオオサザキの態度から、かつてのホムダワケと同じ熱意を感じ、なるべく早く優秀な学者を紹介しようと答えた。二人は漢城から任那に戻り、オオサザキはこの地の人々と親しくなった磐の媛を伴って難波へ戻って行った。

ホムダワケは、初めて栄山江を訪ねた。

任那の港を出た船は、大小多くの島に囲まれた海岸を西へ行き、半島が途切れた所で西向きから北向きに進路を変えた後、初めに着いた港の辺りという。半島の南海岸にそって多くの島が複雑に散らばっている様子は、最初に航海した瀬戸の内海のよう、島の間を縫うように船を操る船人の業に感心している内に、船は複雑な入り江の奥にある栄山江の港に着いた。大勢の人々の迎えの中に見知った顔もあったが、多くは初めて見る黒く日焼けした男女とその子供たちだった。

先王は任那のことはすべてホムダワケらに任せ、半島東南端の海港に近い栄山湖畔の地へ移り、キビツヒコらと共に国造りを始めていた。

　栄山江の上流域には夏の集中豪雨期七〜九月には年間雨量の過半の雨が降り、流量の変化が大きい上に、近接する黄海の干満差が十ｍ以上に及ぶので、昔から周辺の土地は多くの洪水や海水の侵入による塩害に悩まされてきた。

　百済と結んだ密約によって、数年前任那の人間が初めてこの地にやって来た。そこに住んでいる人に混じって水田稲作を始め、吉備の海の干拓田でも塩害に強いと定評のあった籾を取り寄せて植えた所、その秋にはかなり収穫量が増えた。地元の人達も喜んで、さらに水田を拡大する長期的な工事を協力してやることになった。大小多くの川が流入する栄山湖から、海に流れ出る所に水量を調節する河口堰を築き、湖に貯めた水を水田に送る水路を張り巡らせる工事を始めた。工事はまだ長くかかるが、完成すれば田植えの時期には十分な水を送れるし、乾期には田に水を張り海からしみ込んだ塩を抜いて、広大な田に豊かな実りが期待できる。

　先年の尚古王の高句麗出兵には間に合わなかったが、やがてこの地の豊かな実りは任那を大きく補強できるだろう、と意気込んでいた。

一〇章　オホサザキ難波・河内の国造りを進める

少し話が前後するがホムダワケに急かされて、オオサザキと磐之媛は差し当たり必要な身の回りの物だけ持って、一緒に船で難波から任那へ出発した。船の中で初めてそのわけを聞いてびっくりした。任那王家内で大きな騒動が起き、ホムダワケに代わって倭や難波の最高指導者に指定されたというのだ。何も知らない自分が果たしてそんな大役をやれるだろうか。ついそんな弱音を吐くと、妻になったばかりの磐の媛があっさり呟いた。「その時はその時で精一杯やるしかないでしょう」。こんな大きな身辺変化に対し、葛城の山奥育ちの磐の媛が意外に平気に受け止めてくれたのでホッとした。

任那に着いて、新婚のオオサザキがホムダワケと一緒に百済の漢城に行って留守の間も、彼女は初めてのオホサザキの実家に残り、義母や一族の人々と共に過ごした。その間、任那の女たちとすぐ親しくなり、倭より進んだ任那の仕事のやり方を覚えようと努めたので、皆に好感を持たれていた。

所が任那から倭へ戻る船の中で、これまで張り切っていた彼女が急に元気を無くした。緊張し続けたのでさすがに疲れたかと心配していると、どうも私は子供が出来たようだと呟いて、皆を慌てさせた。直ちに彼女の乗る船の戻る先を難波ではなく、実家のある葛城に変えた。

オオサザキは久しぶりに難波に戻って来たが、彼の立場は任那へ行く前と比べて大きく変化していた。

難波に着いてすぐ工事の現場に顔を出すと、待っていた仲間が集って来た。

オホサザキは強いて自分を奮い立たせ、これから私はホムダワケの代わりに難波の事業の統括を担当する、先日葛城の磐の媛と結婚したが、当分今まで通り現場の宿舎で、皆と一緒に堀江の完成を目指して頑張るので宜しくと言った。

任那に政変があって、上の人が変わるという噂は既に伝わっていたので、皆は割合すんなりと納得してくれた。大伴武以と物部麦入の二人は、オオサザキが留守の間に堀江工事がどこまで進んでいるかを報告し、我々も今まで以上に堀江工事の遂行に努めますと、決意を述べた。

こうして簡単に引継ぎの挨拶を終えて一人宿に戻ったオオサザキは、これまでホムダワケの行動を脇から見て、漠然と知っている積りの全体を統括する仕事について、各担当者から直接聞いて理解し、また改善すべき点を話し合うことにした。

まず、武以の下で作業者の指揮を取っている土師氏の族長の息子の兎から、彼らの仕事のやり方を聞いた。

今度の大堀の作業は、一族の家伝としてきた前方後円墳の建造作業と似ているので、同様なやり方で仕事を進めています。ただ墳墓を囲む閉じた堀の代わりに河内湖から難波の海に向って真直ぐに伸ばした堀を掘れば良いのです。しかし、その堀の長さが墳墓の場合の数十倍になるので、多くの作業者に仕事を分担させますが、それでも完成する迄、数十年はかかるでしょう。

こうした大規模の土木工事を行うには、長年の経験や技術が必要です。また働く人の数が多くなると、上の人がすべてに目を配ることはできないので、間に頼りになる組長を置いて彼らを通して部下たちを組織的に働かせるようにします。ただ今までのやり方が通用するのは、土師氏とその下で仕事をして来た人々だけで、今度の仕事では他所から多くの作業者が入って来たので、その人達にもこのやり方を教え、納得して働いてもらうことが必要です。

また難波の大堀の仕事は非常に長い期間かかり、大堀が出来て田畑の干拓が完成したら、各人の作業日数に応じる広さの田畑を与えることになっています。あと何年もかかるでしょうが、その間各人の働いた日数を記録し残すことが必要です」。

「成る程、作業現場では目立たない所でそんな苦労をしているのか。近いうち百済から偉い学者が来るが、何か教えて欲しい事は無いか」。

「我々の仕事の基本は、必要なモノの数や長さ、日数などを手の指を折って数え、その結果を何かに書いて記録しておく事です。誰にも共通する数え方と、その結果を記録する仕方などを知りたい」。

オオサザキは次に物部麦入を呼び、

「お前が担当している難波と倭の諸国との交易のやり方について、分かり易く説明してくれ」。

わざわざ「分かり易く」と念を押された物部麦入は、苦笑いしながら話し始めた。

「分かり易くなるかどうか気になりますが、われわれは『コメ』と『テツ』の二つを中心に、モノを考えています。

コメは籾《もみ》付きなら次の収穫時まで、立派な倉庫に入れれば数年間は保存出来ます。また他の食物に比べて輸送し易く、籾を取り火にかけて炊くだけの簡単な手間で、誰もが美味しく食べられるので、主食として重宝がられています。

食べ物は一般に産地や取れる時期が決まっていて、取れた時は沢山出来るが、次の収穫時まで保存できないし、また不作なら更に長い期間、食うことが出来ない。

難波は全国各地との船の輸送に便利だから、港のそばに大きな倉庫を建て、自分たちが必要な分より多くのコメを保管して置けます。他の国で洪水や日照りが続き、翌年の田植えに使う種籾まで食べ尽した時など、こちらが有利な条件で交易できるようにしておきたい」。

「それで淀川筋の港に、多くの倉庫を建てたいという訳か」。

「そうです。次はテツですが、鉄と言っても、ご存知の通り色々種類があります」

「テツは益々ややこしくて、何回聞いても良く分からない。私に分かるように、もう一度説明してくれ」。

「テツを作る側の人が説明するとつい難しくなるので、ここでは交易する側から粗鉄、鉄鋌、製品の三つに分けて、説明しましょう。

まず『粗鉄』は鉄鉱石を炉で焼き、取り出した塊を槌で叩いて大きな不純物を除いたもので、どこでどう作ったかで品質はピンからキリまである。粗鉄を目利きの鍛冶職人が使い道に合わせて選ぶならともかく、商人が手軽に扱えるものではない。

そこで最近便利なのは、朝鮮半島産の『鉄艇』という粗鉄から一貫して作られたテツの半製品で、工場から一定の品質、寸法の保証付きで出荷され、交易用として安心して使えます。

最後の『鉄製品』は、鍛冶職人が手に入れた半製品の鉄艇から、客の求めに合わせて作る多種多様な農具、木工具、土木用具、武器、馬具などを言います。

いま倭の国の中にも、自ら鉱石の出る山を探し、手に入れた鉱石で粗鉄や鉄艇を作ろうとする国も有ります。しかし我々難波はテツ作りの仕事は百済などに任せ、手に入れた鉄艇を倭へ運んで交易品として使うのです。交易を盛んにするため優れた半島製鉄製品に倣った鉄製品を作って見せて、それを欲しがる国を多くし、鉄艇の対価として多くの防人を任那へ送るようにします」。

「私の義理の父・葛城ソチヒコは、最近新羅と加羅の国境付近に住む職人を難波に連れて来ようとして、新羅と戦って捕虜になったという。鍛冶職人とはそんなに重要なのか？」

「兵が馬を意のままに動かすため取りつけるのが馬具ですが、他の分野の優れた鍛冶職人でも、兵の要求に合う馬具を作るのは容易ではありません。私も先年ホムダワケ様に教えられて、洞の海の牧場へ見に行きました。

一見これまでの馬具とどこが違うか分からなくても、自分で馬に乗って走り、止めたりすると、馬具の優劣が明らかです」。

「成る程、少し分かってきた」。

「倭国でもこの辺は平野が狭くそれ程馬が重要だと思わないが、最近私がよく行く東国は広大で、騎馬兵用の兜《かぶと》や鎧《よろい》だけでも要求は多種多様です。なるべく早く彼らを難波へ呼んで、我々の素晴らしい製品を直接使ってみせれば、きっと鉄艇の交易量を増やせる。ただすぐ此処に洞の海と同じ規模の施設を作るのは難しいので、遠い洞の海にある牧場と付属する馬場及び鍛冶工場・職人たちを、そっくり難波の近くへ移して欲しい」。

ホムダワケを通して頼んでいた、百済の博士らの選定が意外に早く決まり、間もなく三歳下の同母弟の兎道稚郎子《うじのわかいらつこ》が、多くの蔵書を携えた王仁《わに》博士と百済王族の辰孫《しんそん》王らを引率して難波に到着した。

王仁博士は百済に生まれ、長く中国・東晋に留学して博士の称号を得ており、そこで一緒に学んだ百済王族の辰孫王も同行して来た。彼らもしばらくは倭国の言葉や生活に戸惑っていたが、百済生まれのオオサザキが何かと配慮したので、短時間でこの国の生活にも慣れ、順調に仕事に入れるようになった。

そこでオオサザキは、先日土師氏に聞いた工事作業者たちの調査・記録に関する話や、物部麦入のコメやテツの話などを博士に説明して、今後どのように取り組めば良いか尋ねた。

博士はしばらく熱心に聞いていたが、

「倭は世界の辺境にあって非常に遅れた国、と私は思っていた。

しかし、使う道具や知識こそ中国や百済に劣っているが、人々の考え方や仕事のやり方は似ているので安心した。

これから難波で一緒に仕事をして行く前に、改めて貴方がどんな国を築こうと思っているか伺いたい。難波の堀江工事が終わったら、働いた人々の作業量に応じて生まれた土地を分け与えると言う。コメの収穫が少ない間はやむを得ないが、普通に収穫できるようになれば、各人から収穫するコメの量に応じて税を取ると、今からはっきり言うべきです。後で必要だから税を払えと言われても人々は納得しない。

人々は安心した暮らしを守る代償として、収穫の一部を王に差し出すのであり、王は己の利益ために彼らの収穫したコメを奪うのではないと、はっきり自覚しなければならない。

中国では、古来、天が人を選んで王に命じ、また天が命じた王でも、人々が王の働きに不満があれば、天は命を改めて別の人を王に命じる、と信じています。

倭ではどのような形で誰が王になり、その働きの良し悪しを誰が判断するのか。貴方は難波の人々が安全で豊かに暮らせるよう努めるという、それをどのように実現するのですか？」

「そこを目指して努力するだけで、今の私には難波の王になろうとまでは考えていません」。

「そんな漠然とした希望では、王になる過程で厳しい困難に会うと、そこで諦めてやめてしまう」。

「それなら、難波を立派な国にして、そこの王になりたいと言えば良いのですか」。

「貴方には今は、それ以上に考えるのは難しいかもしれない。しかし、難波の王になることを目指して努力しても、せいぜいそれが実現した所で終わる」。

「では何と云えば良いのか。難波の王を目指してそれが実現できれば立派ではないですか」。

「一歩上を目指すのです。貴方はまず難波の国を作って王となり、更に倭の国々を配下に納めて、統一倭王国を作りその大王となる。という目標を持つのです」。

「そんなこと私にはとても無理です」

「貴方が倭の大王を目指して、結果として難波の王で終わったとしても、最初から難波の王を狙ってその王になるより実現性は高いし、より上を狙って得られた成果も大きい筈です。

貴方はまだ若いので、あと四十年ほどは第一線で働けます。それでも倭の国々を統一して王になるには、多分時間が足りないでしょう。その時は後継者となる息子に、俺はここまでやった、後は俺を乗り越えて行けと、言うのです。

幸い、倭は中国や朝鮮半島と違って、圧倒的な力を持つ異民族が襲来して全てを破壊する心配はないし、倭の他の国々はまださほど強くない、今ここに統一した一つの国を作る絶好の機会です。

近隣に同程度の力を持つ国が多くあると、中国の戦国時代や今の朝鮮のように互いに抗争を繰り返して、その度に人々の安全や繁栄は脅かされ疲弊してしまう」。

「博士が言われる趣旨は分かりました。そう考えて努力する方が良いかも知れません。しかし今の私は、倭には他にどんな国があるかも知らないし、どうしたら統一できるか、統一した後にどうすれば良いか、考えたこともありません」。

「そういう時こそ歴史を見るのです。

倭には百年ほど前の、魏志倭人伝の邪馬台国を記したものしかなく、参考になりません。思い切って中国の秦の始皇帝の事跡に学ぶのが良いでしょう。

始皇帝は今から七百年ほど前の中国の人で、その前五百年以上続いた春秋・戦国時代を、父、祖父と三代に渡って周辺の強国との激しい抗争の末に乗り切って、始めて中国の統一を実現した。しかし華々しく登場した統一秦王朝は、始皇帝の死後あっという間に瓦解した。

夫々の人の立場や置かれた国の状況が異なるので、彼のしたことをそのまま見習うことはできないし、する必要もない。

今の倭は戦国時代の秦に比べ、規模は小さく文化程度もかなり低いが、参考にするだけなら全く遠慮する必要はない。当時の秦国の興亡を参考にして、今後倭を統一するにはどうすれば良いか考えるのです。

秦王朝に続く漢王朝の時代の史家・司馬遷は、彼が書いた歴史書『史記』の中で、始皇帝の主な事跡に対しで、彼の行動や下した判断を厳しく評価しているので、参考になるでしょう。

今後の私の教え方は、貴方が倭の統一を選ぶか、難波の王になれば良いと考えるかで変わります。少し時間をかけて貴方自身で判断して、その上で今後どうするか一緒に考えましょう」。

博士の言葉で、オオサザキは改めて自分の従来の行動を振り返った。ホムダワケが難波で始めた仕事を、思いがけない成り行きで引き継ぐことになった。しかし自分は彼が目指した事業を早く完成し、この地に住む人々の暮らしを安全で豊かにしようと考えているだけで、別に王になりたかった訳ではない。そんな自分に博士はいきなり、目指すのは難波の王か統一した倭国の大王か、と突き付けてきた。

博士が挙げた幾つかの始皇帝の事跡は、初めは何の事かサッパリ分からなかったが、考えてみると次第に中国と倭の間のとんでもなく大きな差が分かって来て、参考にするなど有り得ない気がして来た。一人で頭を抱えていたが全く考えがまとまらない。とも角、先日土師兎と物部麦入に聞いた話を糸口にして、自分が倭を統一してその王になれば、彼らが今やっている仕事がどう変わるか、どんな良いことが期待できるか、そんな疑問を博士に投げ返して、意見を聞こうと思った。

博士はこの前の初顔合わせで、若くて真面目なオオサザキを必要以上に挑発したことを反省していた。結局秦の始皇帝の事跡を参考に選んで、倭の統一を一緒に考えて行く事になった。

「先日の話のように、始皇帝は多くの業績を残したが、皇帝になってから大勢の人間を使って取り組んだ規模の大きい土木工事では、後世色々批判されています。

域外から侵入する異民族対策として、統一前に諸国が独自に築いてきた幾つかの防塞を接続して、統一した万里の長城として強化したことは、倭ではその意義を理解し難いし、そんなに強力な外敵が居ないので作る必要もないでしょう。

黄河、長江をつなぐ運河を開削して華中のコメを華北へ運ぶ船の通行路を作った件は、経済的効果の他に中華文化圏を拡大して、中国人に統一した華民族意識を持たせた効果が大きい。

これに比べ規模が小さいが、ホムダワケが始めた瀬戸の内海航路や、淀川、淡の海を通じた日本海側との連絡路の整備などは、考え方としては共通している。

貨幣、計量法、漢字や書体などの統一・標準化については、倭諸国の統一によって、経済と文化の一体化をどこまで進められるか、貴方たちの活躍次第で評価が決まる。

秦が中国各国で混乱していた通貨を半両銭に統一した事と、難波が交易でコメとテツを盛んに使おうとする事は、共通する点があるようだ」。

「我々は難波の河内湖周辺の洪水対策と、その後の田の造成や干拓で人々にコメと住まいを提供し、安定した国を作ります。そこで使うテツ製品を百済の鉄艇で作ると共に、なるべく多くの倭の諸国へ鉄艇の効用を広めて、百済の鉄艇と倭の諸国の産物との海を越えた交換を、互いに有利な条件で拡大させたい。

最近倭の諸国に我々の考え方が広まって、鍛冶職人が安心して使える鉄艇の重要さが認められ、直接テツを使わない人まで欲しがるようになった。今後さらに各国との交易で鉄艇が広く使用されれば、共通通貨・半両銭の役目を果たし、直接我々が入らない交易でも、鉄艇を供給する我々の利益が増える。

更に倭諸国が統一され交易範囲が広くなれば、その効果はもっと大きくなる。また港のそばに大きな倉庫を作り、自分たちに必要以上のコメを保管すれば、倭の他の国で緊急にコメが足りなくなったら融通し合うとか、有利な条件でやり取り出来る。

やがて倭の諸国が統一され、常に各国との意思の疎通を図っておけば、任那への派兵の準備や実行が早くなります。そう考えて叔父のホムダワケは難波の建国を計画し、準備を進めていたのでしょう。こう考えると倭を統一することが我々の狙いであり、先人たちへの恩返しなのですね」。

「良くそこまで考えた！　そう考えた上で、第一歩として交易拠点となる難波の工事を進めて行くのです。

然し頭で考える以上に、考えたことを実行するのは長く苦しい仕事です。目的を目指して協力して進んで行きましょう。

問題は例えば、貴方が難波の王、倭の諸国を統一し大王として指揮が取れる前に、任那が新羅や高句麗に攻められ、多くの兵を送れと言ってきたら、どう対応しますか？」

「……」

「その時にこそあなたの王としての資質が問われます。それへの備えや対応は課題として貴方に残して置きましょう」。

「次に我々が統一王朝を目指すことを、何時まで外部に隠して置けるかです。中国では人の行き来が多岐にわたり、それだけに各国間で激しい戦いが続いた。秦が統一を目指した戦国時代末期までの七百年の間、七つの大国が生まれ、互いに隣国を攻め支配拡大を目指して戦った。

最終段階で周辺の六国は秦に対抗するため、相互協力する『合従策』を採用した。対して秦は六国の協力関係を分断するため個別に同盟を結ぶ『連衡策』を採り、合従策に参加した各国を逐次滅ぼして、最終的に秦が天下統一を実現した。

統一戦争に勝った始皇帝は、征服した国の兵士や故地の人々を奴隷のように使い、阿呆宮、大宮殿や寿陵の造営や運河などの大土木工事を行った。過酷な建設工事で彼らから大きな恨みを買った事が主要因で、始皇帝の死後数年で秦王朝が瓦解し、豪華な宮殿や阿呆宮は略奪され破壊され、燃やし尽くされた。

一度に多くの国を破り強権的に支配すると、各国の人々の不満を一斉に受け、初め小さな火でも、やがてあちこちに飛び火し一挙に爆発し、折角築き上げた統一国家を瓦解させます。

また、始皇帝は国の統治体制を有力氏族が支配する『封建制』から『郡県制』へ改めたが、大した準備期間もなく無理に実施したので、各地で混乱を生じ、折角の大改革も次の漢王朝では元の制度に戻された。

倭にも多くの国があり各国に王は居るが、いま難波・河内には王が居ないので、難波王になる事に大きな問題はないだろう。また殆どの倭の国は隣国と争ってまで倭国を統一する考えは無いので、貴方はごく少数の側近者とだけ意志を固めて、ある程度流れが出来るまでは内々にした方が良い。

他国が知っても敵にならないよう注意し、密かに方法や順番を考えて、一国ずつ着実に征服して行くのです。例えば相手が大国なら、少し時間をかけても、その国の王位の継承時や家族間の混乱に乗じて、二、三分割して勢力を弱める方法が良い。

また当分外国の強力な勢力が倭へ侵入する心配は無いだろう」。

その後の二人の話し合いに、大伴武以や実務を担当する土師氏、物部麦入が加わるとか、各々の責任者が担当部門の今後の進め方を協議する会議に、博士を呼んで一緒に討議した。

例えば土師氏が、

「倭では未だ文字を使わないが、中国では仕事に文字を使って便利と聞くので、自分たちもできる所から文字を使いたい。

今は渡来人が作業者の働いた日数など、必要なことを木の板に書いている。彼らは自分で書いたものは後でも分かるが、他人の書いたものは書いた人に聞いて、自分風に書き直している。

倭の他の国も渡来人に書かせている。どこの渡来人も同じ文字で書けば、どこの渡来人の書いたものも分かるだろう。倭人が字を覚えて書ければ、わざわざ渡来人に頼まなくても良い」。

「差し当たり、一番必要なのはどんな字か」

「働いた日数とか、人数など、数えた数を書き残したい」。

「倭では、ひい、ふう、みい、と数えているようだが、

中国では一、二、三と書き、イチ、ニ、サンと読む。

「とを」、迄の倭の数え方と対応する中国式の書きと読みは、

【倭】	【漢：書き】	【漢：読み】
ひい	一	イチ
ふう	二	ニ
みい	三	サン
よう	四	シ
いつ	五	ゴ
むう	六	ロク
なな	七	シチ
やあ	八	ハチ
ここ	九	ク（キュウ）
とを	十	ジュウ　」

「なるほど！　これなら書くのも楽だし、倭式との対応も良い。
関連して、他に次のような話も出た。
・読みも倭式より漢式にしたほうが良いかも知れない。
・人や物の区別は？　今は人によって絵や印などを使います。
・物部氏は交易の仕事で、どんな字、符号を使っているか」。

土師氏は難波の堀江の工事が順調に進んで少し余裕が出て来たので、この際大和川が河内に入った直後の、石川との合流付近で頻発する洪水対策を検討して欲しいと言った。

百年前のヤマト側の洪水対策により河内側の洪水が増えたと不満が上がり、土師氏はその不満を抑えるため河内に移り長年苦労してきた。早く恒久的な対策を行いたいという。

この要望に対して秦理成は、大陸の洪水対策を元に提案した、

第一案：石川の流れの勢いを弱めるため流れの途中に堰を作るか、川筋をわざと迂回させて水の勢いを遅らせて、二つの川の増水の頂点の時間をずらす。

第二案：合流点近くの土手の堤の一部にわざと他所より弱い箇所を作り、増水が危険域に達したらそこを決壊させて、溢れた水の大半は流路を通して予め作った遊水池へ導く。更に溢れた水は下流の河内湖周辺まで達し田畑の冠水を起こすが、短期間に水が引けば稲の生育への影響は少ないだろう。

二つの方法を組み合わせると、住人に多少の被害は出るが大きな被害は免れ、運用次第では利益も大きい。

土師氏は少しホッとして、秦氏の提案を確認するように、

「なるほど、洪水の多くは田植え直後の梅雨時に起き、田植え頃の稲は冠水しても、四、五日で水が退けば大した被害は無い、それより長くなると稲が腐ってその年の収穫は無くなる。一方山地の多い和

泉の方では干ばつの被害を受けやすい。そこで和泉側の空き地に遊水池を作り、真夏の渇水期には灌漑用ため池として使えば良い訳だ。是非その方法を採用したい。

少し話が逸れるが、土師氏一族は河内湖近辺で王の墳墓作りもしている。遊水池を作る話を聞いて良いことを思いつきました。石川の洪水対策として和泉に近い所に遊水池を作り、池を掘って出る土で池の中に大きな円形と方形の山を作り、それを王の前方後円墳にするのです。洪水対策と一挙両得の良案でしょう」。

こうして難波の堀江の工事は、計画通り順調に進んでいるように見えたが、倭、難波の自然はそんなに甘くなかった。

ある年、梅雨の後半から天が裂けたように雨が激しく降り、またこれ迄とは違い淀川流域の方に特別激しく降り続いた。

淀川の流れに沿って数か所ある、河内湖に分流する『裂け目』の箇所から、例年とは比較にならない大量の水が激流となって河内湖へ流れ込み、河内湖の水面が急激に高くなり湖岸の堤防を断ち切って、あっと言う間に周辺に溢れた。

溢れ出た水は、辺り一面を勢いに任せて周辺の住居や木々など障害物を押し倒し、水中に飲み込んで一気に流れ下り、平地に入ると四方に広がって幾つかの流れとなり、やがて茅渟の海を沖まで褐色に変えて行った。折角これ迄苦労して掘り進めて来た堀江も濁流に飲まれて、どこに在ったか分からなくなった。

現地の洪水状況を見に行った秦理成が戻って来て一息つくと、長い間茫然と立ったままのオオサザキに、今の状況と今後の対応について説明した。

「今度の洪水は、天に見放されたとか、誰かが間違ったというより、我々が少し甘く見すぎたようです。

河内湖の氾濫は大和川側の大雨で起きることが多いので、差し当たり淀川の影響を無視し、大和川を優先して工事を始めた。しかし淀川の洪水は頻度こそ少ないが、いったん起ると今度のような大きな被害になる。そこを甘く考えて進めたのが失敗の原因です。

今から直ちに難波の堀江の工事を中断し、全員で淀川から河内湖へ入る水の流れを完全に止める工事に取り掛かりましょう。まず次の『茨田の大堤』の一期に予定していた工事の一部を繰り上げて行い、その工事が済んだら、中断した難波の堀江の工事を再開して完成させるのです。

これらの工事の間は淀川との間は完全に遮断するので、難波の港を使って淀川を行き来する船に支障が出るとか、夏には湖が干上がり、田に水を供給できないと苦情が出て来るでしょう。しばらくの間はそれらを我慢してもらい、次の『茨田の大堤』の二期工事で残された問題を解決します。

目の前の大きな被害に絶望しては駄目です。この洪水は天が我々に与えた試練と考えて、諦めることなく進めましょう」。

オオサザキは自分の人生を振り返える度に、「あの頃が自分の運命の分れ目」と思った。ホムダワケが始めた難波の堀江の工事を自分が中断した上に、代わりに始めた茨田の堤の工事も初めの段階でとん坐したのである。

それは淀川から気ままに河内湖に流入する水を完全に遮断するため、双方を隔てる堤の数か所の裂け目に大きな石や組んだ大木を投下して水流を弱めてから、周りの作業者が一斉に大量の土砂を投下して完全に水流を止め恒久的な土手を築く工事である。

幾つかの裂け目ではうまく行ったが、何度土手を築き流れを塞いでも、大雨が降り淀川の水量が増えると、また激流で抉られ決壊する『絶え間』が二カ所残り、工事は先に進めない。

オオサザキは視察に行く度に人々がその絶え間に集まって頭を抱えているのを見て、眠れぬ夜を過ごしていた。

ある夜夢を見た。

「武蔵の人強頸《こわくび》と河内の人茨田連衫子《まむたのむらじころもこ》の二人を河伯《かはく》（川の神、後世の河童）に生贄《いけにえ》として祀れば、きっとうまく行く」。

早速二人は探し出され、各々の『絶え間』の人柱に当てられた。多くの人々が注視する中で、オオサザキは助命を願う哀れな二人から目をそらし、頭に浮かんでくる迷いを振り払い、大きな声でまず強頸に入水せよと命じた。

強頸は泣き悲しみながら流れの中に飛び込んで行った。

次にコロモコの番が来た。すると彼女は手に持つ瓢箪を流れの中に投げ入れて、「神が私を欲していれば、この瓢箪を沈めて浮き上がらせるな。瓢箪が沈まなかったらその神は偽りだ」と叫んだ。

みんなが固唾をのんで見ていると、瓢箪は一度水の中に潜ったが、間もなく浮き上がって流れて行き、二度と沈まなかった。

コロモコは自分の機知によって死を免れた。

こうして茨田の堤工事の最初の難関は、人身御供を建てたことで解決した。オオサザキは神と人の心をつなぐ難しい役目を何とか果たしてホッとした。

人々は人身御供の二人に感謝して、そこを『コワクビの絶間』、『コロモコの絶間』と名付けた。（日本書紀仁徳十一年十月）

注：コワクビの絶間の碑は現在大阪市旭区千秋に、コロモコの絶間の碑は大阪府寝屋川市仁和寺辺りらしい。両者間の距離は約六㎞強、従って茨田の堤の全長は八㎞前後か。

こうして河内湖と淀川との間を行き来する水の流れの遮断に成功すると、大伴武以たちは再び難波の堀江工事を始めた。

間もなく難波の堀江が開通・完成して、河内湖の水は直接茅渟の海へ流れ出るようになり。湖水面が下がって周辺の洪水は大幅に減少した。その堀江を通って茅渟の海から河内湖畔の難波の港まで、直接船が行き来出来るようになった。

作業者たちは自分たちの手で堀江を作った事を喜び、各々が担当した作業の目印だった工事用杭の辺りに記念の松を植えた。

立派に育った松の並み木は、『大伴の御津《みつ》の松』の名で、港に出入りする船人らの目印として長年愛された。

七〇三年遣唐使の山上憶良が異郷中国で、遠い日本を歌った歌が万葉集に収録されている、

いざ子ども早く日本《やまと》へ大伴の御津《みつ》の浜松待ち恋ひぬらむ（一・六三）

さあみんな早く大和へ帰ろう、大伴の御津の松も待ちわびているぞ

河内湖の水面を下げた結果出来た土地の一部を整地して、工事に加わった作業者に分け与え、さらに農業用水路や幹線道路の用地や、難波高津宮を造る場所も確保した。

しかしオオサザキはまだ人々が貧乏で、宮殿を建てるのは早いと言い、宮殿予定地の一画に簡単な望楼を建てた。望楼から下を見ると人々の暮らしが分かるから、当分これで充分、民が豊かになるまでは

税を取ってはならぬ、と。

茨田の堤の第二期工事の責任者はオオサザキ王の弟ウジノワカイラツコで、秦理成らと共に工事に着手した。

二期目は、淀川の二つの絶え間から十㎞ほど上流で水の流れが緩やかな辺りに取水堰を設けて、必要なだけの水を新たに作る堀江を通して河内湖へ流す。そして河内湖と淀川上流との間を行き来する船は、新設する堀江を通り上流の堰の辺りまで行き来し、そこから上の淀川溜まりへは船に取りつけた綱を引いて揚げ降しをする、という。

「少し前には、淀川から入る水を止めたのに、今度はわざわざ新しく長い溝を掘り淀川の水を河内湖に流すという。バカバカしいような話だが、うまく行くのかね」と尋ねられると、

「中国では六百年ほど前、大河・長江の支流・岷《みん》江に都江堰《とこうえん》を築いて、疲弊した四川盆地に灌漑用水路を張り巡らせ、数百万人を養う沃野に変えたと伝えられている。

秦の滅亡後、その工事で働いた我々の祖先は秦の名を継いで中国各地や朝鮮の地で、身に着けた技術で生きてきた。都江堰と茨田の堤の工事とは似ているので、きっとうまく行く筈だ」。

「完成まで、どの位かかりそうか」。

「恐らく十年以上は……」。

その頃三八〇年、朝鮮半島の新羅では任那王が急に交代したことを知り、好機到来と見て隣の金官加羅に侵入し、更に任那へ侵入する構えを見せた。ホムダワケは新羅の動きを予想していて、侵入した知らせを受けると直ちに反撃に出た。新羅兵を退けそのまま新羅領へ侵入して幾つかの城を占領した。

新羅は状況を不利と見て任那に和議を申し入れ、任那は占領した新羅の城を返す代わりに、新羅が定額の年貢を払い、更にその地に住む鍛冶職人を引き渡すことが決まった。

しかし和議を結んだ翌年には、新羅はもう約束した年貢を払わず職人も送ってこなかった。そこで葛城ソチヒコ率いる任那軍は再度新羅へ侵攻したが、劣勢になると新羅は再び和議を申し出た。

その一方で、新羅は前回の戦い以来任那の将軍葛城ソチヒコの行動を調べて、今度は前以って女官らを送り、任那の和議団を酒色で歓待し、ソチヒコが供人らから離れた所で捉えることに成功した。そこで新羅は、任那の葛城ソチヒコが如何に好色かと云い立てて、任那側を焦らす策に出た。

結局任那は占領したすべての城を新羅へ返し年貢を免除し、代わりに新羅は捕虜のソチヒコと拘束していた鍛冶職人たちを任那へ引き渡した。この鍛冶職人は間もなく任那を経由して、国作りを急いでいる難波へ送られた。

ホムダワケは隣国新羅の下劣な戦法に煮え湯を飲まされ、二度と新羅を信用して同盟したりはしまいと思った。だが高句麗が本格的に侵入する対策として、新羅とはどのような間柄になるべきか。

久しぶりに栄山江に前王ナカツヒコを訪ね、任那王として経験の浅い自分の悩みを打ち明けて相談した。前王は退位して三年経ち、足腰は少し衰えたが、まだ頭の方はハッキリしていた。

「ご存知の通り、任那は朝鮮半島での戦争に備えて、倭の難波に交易拠点を作り、倭の諸国から得た戦力で任那を補強する態勢を強化しています。しかし難波の国作りを任せたオオサザキは、洪水対策や国作りに忙しく、任那の支援要請に余り応じてくれない。

かつて私が目指した、交易を通して倭の諸国から協力を得る事は、なかなかうまく進まない。我々はもう一度自分たちの狙いや相手の立場を考えて、現実的に対応しなければならない。これから私たちの任那はどうすれば良いか、お考えを伺いたい」。

「話は分かったが、当面の対応は現役のお前達しかできない、我々は長年の経験から、多少違う方向から考える種を持っているだけだ」。

「その種を少し分けて下さい」。

「多少時間がかかっても、やるべきことをしっかりやる、そんな当たり前のことだ。任那と倭の難波との協力も、各々がそれで何を得られるか。相手はどんな長所を持っているか、自分たちが持つ長所は何か、具体的に挙げて、何で相手の力を引出すか考える。難波は任那を通して大陸の進んだ技術や文化を取り入れたい。任那は高句麗や中国が力で侵略して来たら盾となって戦うが、敗けたら最後は倭の地に逃げ込む。単に交易の利で結ばれるだけではなく、双方は死活を共にする意識を持つべきだ。

ただ一般の人にはそんな難しい話は関係ない、今の生活が続く限り知らなくても良い。王位が安定して続き、人々の暮らしも安定していれば、王は我々のために働いていると考える、そこが大切だ。

王一人が考えて努力しても、王や支配者層がごたごたして自分の事だけ考えて行動するようになると、人々の心はバラバラになり国も乱れる。王家の安定と王と人々が共通した意識を持って行動することが、国の安定と強化につながる。

任那の王と倭の難波の王は、そういう強い共通した意識を持たなければならない」。

「分かっていた積りですが、これ迄は表面的だったようです」。

「ではどうすれば良いか。わしも任那王家の安定のため、血縁関係には気を配ってきた積りだが、皇太子の子供たちの間で争いが起こり、お前にも迷惑をかけてしまった。

しかし王家の親子関係が、私とお前のように、いざという時の最後の砦だ。お前は私の子、オオサザキは孫だが、二人の間には直接親子関係が無い。今は特に争う問題はなく協力してやっているが、やはり年と共に遠慮がちになり、疎遠になって行くのが人情だ。もう一段と任那と難波との連携を強めるためにどうするか。お前は日向の泉長媛との娘、髪長媛をオオサザキの妃にさせたらどうか」。

「髪長媛ですかー、急に身近な話でビックリしました。そんなことが現実にありうるでしょうか」。

「髪長姫はもう七、八才になった筈だ。

自分の娘として正式にオオサザキの妃に輿入れさせるには、まず日向の諸県の君を説得して、髪長姫をこちらに引き取り、自分の娘としてオホサザキの妃に輿入れするのだ。そのためアジレ皇后を説得して、日向に居る泉長媛を正式に二人目の妃とし、その娘髪長媛を任那王の娘としてオホサザキに嫁がせるのだ」。

「なるほど、最初はとんでもないと思いましたが、一歩一歩進めればそれ程変でもない。任那と難波の縁をもっと強くするには、良い方法かも知れない」。

「実はこれは亡くなった武内宿祢の入れ知恵で、任那のお前と難波のオオサザキが次第に疎遠になるのを心配して考えたようだ。私が王の時、彼は王権を強く安定にするようさりげなく心配してくれた。今のお前のそばには武内のような人間が居ないので私からこの話を持ち出した。

所で昨日キビツヒコと会った時、彼は何か言わなかったか？」

「何かとは？　近いうち秋の祭りがある、その時会わせたい人が居ると」

「キビツヒコは、葛城ソチヒコが磐の媛をオオサザキに嫁がせたと聞いて、対抗してでもなかろうが、自分の娘・兄媛《えひめ》をお前に紹介したいと言っていた。素直で良さそうな娘だ。この際彼の話に乗って兄媛を三人目の妃にしたらどうか。これは単純な話だからお前たち二人で相談して決めればよい」。

「分かりました」

「新羅との関係は私も苦労したし、百済よりずっと付き合い難い相手だ。高句麗対策として同盟まで行かなくても、無益な戦いをしないで適当に付き合って行くしかないだろう」。

「話は変わるが、最近キビツヒコは倭と同じような前方後円墳を、任那王の墓として栄山湖周辺に建設すると言い出した。吉備の方ではかなり前からこの様な墳墓を作っており、吉備以外にも最近倭の多くの国でも、その円墳部に遺骸を納め、そこに続いた長方形の土墳の上で神人が祭事を行うという。

キビツヒコの言うには、倭の諸国から派遣された兵士がこちらで戦死するとか、倭へ帰らずこの地に定着する人も増えて来た。彼らの魂の拠りどころとして、栄山湖辺周辺に倭に似た墓を作って祀りたいという。同じ倭人なので今でも生活の仕方や考え方は似て共通意識が高いが、倭形式の墓を建設すれば相互の結びつきがさらに強くなるだろう。

朝鮮半島の高句麗、百済や新羅の国では、最近は王の墓として遺骸と共に多くの豪華な装身具や黄金の冠などの副葬品を葬るようになった。そこで墓盗人にやられないよう、墓の場所を秘密にするとか、盗掘防止のため墓の構造を知った作業者を殺すなどと聞いている。

倭の墓では、皆が協力して周辺国と似た円形や四角の墳を作り、生前一緒に戦って来た王の生活を偲ばせる品々と共に遺骸を埋葬し、毎年そこに人々が集まって先王を偲び、儀式の終わった後は皆で歌ったり踊ったりして一晩を過ごすと云う。

私もそんな墓が好きだ、具体的にどうするかはキビツヒコに任せている」。


難波の宮殿では、ある日土師氏がオホサザキ王の前にやって来た。

「昔から倭の各国は色々な形の王の墓を作ってきたが、最近は円形と四角を組み合わせた前方後円墳が好まれ、隣のヤマトのものは他国とは比較にならない大きさ、美しさを誇っています。

今河内では石川が増水した時に、土手から溢れた水を貯めて置く遊水地を掘る工事中ですが、この遊水池を外濠としてこれまで無かったような巨大な墳墓を造ることが出来ます。我々はそれをオホサザキ王の前方後円墳として完成させ、皆で難波の国の成立を祝い今後の発展を祈る場にしたいと思います」。

「話は分かったが、その遊水池はホムダワケ王の時、大和川の支流、石川の氾濫を防ぐために計画し、いま石川周辺の人達が協力して作っていると聞く。我々も支援するから、そこはホムダワケ王の墳墓として完成させてくれ」。

「王のお考えは良く分かりました。

今度出来るホムダワケ王の前方後円墳はどこの国にもない巨大なもので、それを見ればヤマトの人々もキット驚くでしょう。

しかし難波の我々は、この際オホサザキ王の偉業を称えて、どこにも負けない大きな前方後円墳をこの地に造りたい。造るにはさらに多くの人々の力が必要ですが、見る他国の人々はその巨大で美しい姿に圧倒され、こんな巨大な墳墓を造る難波の力にはとても敵わない、我々はそれより小さくて良いから、自国の流儀に合わせて台の側面を飾り台上には独自の埴輪を並べて、神事を行いたいと思わせるのです」。

王はうなずきながら、脇に立つ物部氏に尋ねた。

「ヤマトのお前の家は神事を職としているようだが、ヤマトや倭の諸国では、墳墓で何をいのっているのか」。

「国によって多少の違いはありますが、概ねその土地守護神とその代理人である王家の存続を祈ると共に、安定した恵みを与えてくれる太陽と水の神を祀り、年の初めに豊作と人々の無事を願い、年の終わりに願いが叶った事を感謝するため、集まって儀式を行い、それが終わると皆が墓の周りで夜通し一緒に歌い踊りながら過ごします」。

「倭の王と人々との関係は、中国や朝鮮とはずいぶん違うようだ。我々がこの地で統一ヤマト王朝を作るには、土師氏の言うように多くの国々と力で争うだけでなく、この地に巨大な前方後円墳を造って自然と相手が我方に寄って来るよう仕向けることが役に立つかもしれない。

二人はホムダワケ王と私のため引き続き二つの巨大な墳墓を造ると共に、他国はその国力に応じた大きさの墳墓を作るが、できるだけその国の流儀を生かして不満が溜まらないようにする方法を考えてくれ」。

やがて難波のオオサザキの方では、難波の堀江が開通して、河内湖の水は直接茅渟の海に注ぐようになり、湖水面は低下して、かつての湖の周辺は広く乾いた平地に生まれ変わった。その一部は、約束通り堀江の工事に従事してきた作業者に分け与え、その他は他所から来て住む人々や、大王直轄の皇后領や皇太子領、重臣たちの領に充てられた。

和邇博士の勧めで取り入れた税により次第に国の収入が増えたので、ため池やそこから引く灌漑水路を造って乾期に備え、難波と住吉をつなぐ大道が出来て人々の行き来も盛んになり、都には宮殿や市場なども出来た。

三八六年、オホサザキ王は懸案の工事が一段落し、難波高津宮やコメの倉庫などの主な建物も完成したので、内外の人々を招いて記念式典を行うことにした。

この際、任那王・ホムダワケを主賓として招いて、難波の国作りが順調に進み立派に完成したことを喜んで貰うと共に、先年の任那の派兵依頼には十分な対応ができなかった事を詫びて、肩の荷を降ろしたかった。ホムダワケから喜んで出席すると返事があって安心したが、同伴する娘・髪長媛を気に入って欲しいと書き沿えてあり、少し憂鬱になった。

去年辺りから、自分の娘・髪長媛をお前の第二妃にして欲しいと言ってきたが、叔父のホムダワケにそんな娘が居るとは知らなかったし、叔父がこの縁談にどこまで本気なのか……。妻・磐の媛は、嫌やと云うに決まっているので、知らないふりで済ましてきた。ホムダワケが本気だと知り慌てたが、今さらどうにもならない。

ホムダワケは難波へ行くと決め、先頃から任那の王女として修業して来た髪長姫と、久しぶりに故郷に帰りたいと云う吉備の兄媛を同伴することにした。任那王の第三妃になっていた兄媛は、少し遅れて倭の日向から来た年下の髪長媛を、優しい姉のように世話してくれた。

途中の吉備の港の多くの船が行き交う中で偶然物部麦入に会った。久しぶりの彼は多くの武蔵の防人を引率して、これから数艘の船で任那へ向けて出発しようとしていた。

葛城の地に若い人たちが集まり、東国へ難波の勢力を拡げる方法を議論してから十年ほど経っていた。物部麦入の言うには、古くから東国の山地に君臨していた毛野族がいよいよ川下への侵略を始めたので、下流の弱小国は力を合わせて強い『武蔵の国』を作って対抗する。そのため初めて東国の若者たちを集めて任那の栄山江へ送り、大陸式の馬を使った訓練で実戦に役立つ兵として養成することになった。彼らはこれから二、三年、栄山江で過ごし、そこで得た技術を倭の武蔵の地で展開するという。目の前で昔の話が実を結んで来たことを知り、ホムダワケはすっかり昔に返った気分になった。


祝賀式を控え多忙な日々を送っているオオサザキに、任那王の一行が住吉の港に到着したという連絡が入った。慌てて駆けつけると、ホムダワケ王が若い姉妹のような女二人を同伴して待っていた。「髪長姫と申します」と幼い方の女が軽く頭を下げたが、ひと目見るなりその輝くような明るい笑顔に心を奪われた。オオサザキも慌てて頭を下げながら、思いがけずこんな美しい珠が手に入る自分の幸せを想った。

髪長媛はしばらく人目につかない住吉辺りに仮住まいし、祝賀式が終わり諸事一段落してから、オオサザキ王が然るべき待遇で迎えるという事になった。

ホムダワケが去って約十年の間に、難波の地に住む人々も増え立派な宮殿が立ち、広い道路の脇には多くの人家が並んで、すっかり繁栄した姿を見せていた。

任那王ホムダワケは難波高津宮の完成祝賀式に参列した多くの人々の前で、長年の苦労を乗り越えて、この国を立派に作り上げたオオサザキ王と回りの人々に心からの祝辞を述べた。

次にオホサザキ王が幾分緊張しながら立ち、今後も難波の国を一層豊かで強い国にするため努力すると共に、任那と倭の連携強化のため一層精進すると誓った。


祝賀式が済むと正式に新しい難波・河内国が発足し、磐の媛は難波高津の宮の立派な宮殿に住い、多くの侍女たちに仕えられ人に羨まれる立場になった。しかし知らぬ間に王は新宮殿の他所に新しい妃を迎えたので、取り残された気持ちで日々を過ごすようになった。

ありつつも君を待たむうち靡《なび》く我が黒髪に霜の置くまで　（万葉　二／八七）

じっとこうしてあの人を待つのか、床に投げ出した黒髪に白いものが交じる今でも

新参でも若さを誇る髪長媛への羨望と深い詠嘆を覚えた。

窮屈な宮殿に居るより生家のある葛城へ行きたいが、ついこの間までは気軽に裏手に泊まっている船を出して、大和川を上れば容易に葛城へ行けたのに、いまは難波・河内へ向けるヤマトの人たちの厳しい眼差しを受けて行くしかない。自分が留守の間に王の愛がさらに若い妃に移ってしまう気がして、簡単に帰ることもできない。

難波の堀江が完成し、難波・河内地区での洪水の頻度が減ると、農業や鍛冶や織物、小商いなどをする人々も増えて、国としての形が次第に整ってきた。大伴武以は王の居城近辺を護る役を受け持つようになった。

難波では港沿いに、米の倉庫を建設して任那へ兵を送る態勢を整え、吉備や葛城などへも協力を指示して、三九〇年からの派遣要請に応えた。

しかし今度の高句麗との戦はいつまで続くか分からず、送り出した兵も帰還しない。さらに急な兵の増派要請が来て、兵士の食料・米を送らなければならなかった。倭の交易相手国にも再三支援を要請したが、次第にうまく行かなくなった。こんな状況が五年ほど続き、兵も食料等も莫大な損害を出した末、大した成果もなく、高句麗が兵を引いて戦は終わった。

今後も予想されるこのような事態に、難波の国内だけでは対応できない。任那の要求する兵や食料を送るには、単純にその地域に住む人数に対応したコメの量を割り当て、要請すれば済む問題ではない。各地に難波王が直接支配する地域（屯倉）を増やし、田の広さや住む人の人数に応じて毎年決った税を取り立てると共に派兵する人数を割当てる。さらにそのやり方を新たに支配する他国へも広げなければならない。

さらに数年後、茨田の堤の工事が完了すると、盛んになった淀川水系の船運を守るため、朝廷では淀川の上流で淡海（琵琶湖）との中間地点、巨椋《おぐら》池の周辺に兵を置く拠点を作った。

巨椋池：京都府南部、伏見区・宇治市・久御山町にまたがる場所にかつて存在した巨大な池。洪水対策等で逐次埋め立て田地、居住地となり、現在は完全に消滅している。

そこは淡海から流れ来る宇治川に、西の山城の方から来る桂川と東のヤマトの方からくる木津川が合流する水運の要所であり、将来対戦が予想されるヤマトの動きを監視・牽制する役割も予想された。茨田の堤工事を推進してきた王弟宇遅之若郎子《うぢのわかいらつこ》がその拠点を統括していたが、やがて病死したので遺骸は近くの山に葬られ、その地は彼の名に因んで『宇治』と呼ばれ、後は熊鰐不弥が引き継いだ。ヤマトと直接向き合うこの地で、不弥が多くの兵を持つ指揮者に選ばれたのは、温厚な彼ならヤマト相手に、余計ないざこざを起こすまいと思われたからだろう。彼は古参の兵の他に倭の諸国や海外からの流れ者から成る兵を上流の近江に駐屯させ、そこを開墾して生活や戦の訓練をさせ、緊急事態になったら船で宇治に駆けつけられるようにした。後に『近江毛野軍』と呼ばれた。

熊鰐家で『不弥』と呼ばれる末息子は、最初のホムダワケの難波行き航海に参加したが、途中の北九州の洞の海の戦いが済むとその地に残り、狗弥国から奪った砦や牧を修復して活用する仕事を任された。残った馬を増やし、鍛冶場を付設して任那から鍛冶職人を呼び、大陸で普及し始めた馬具などを作らせた。

評判を聞いてやって来た東国の鉄艇交易人が、オホサザキに同様の施設を難波近辺に設置するよう進言したので、洞の海の牧を淀川の上流にある枚方《ひらかた》に移し、淡路島の鍛冶職人と工場を摂津に移して、不弥に両所を合せて運用させた。遠方の尾張や東国は新しい技術への関心が強く、便が良くなった難波を訪ねて来る人も増え、不弥は客側の要求に応えて一生懸命働いた。数年後にはその地に落ち着き、淀川筋の有力者である息長氏の娘と結婚した。なお二人の間に生まれた宇治姫の系統こそ、やがて雄略天皇死後の王統断絶の危機を救うヲホド大王につながって行く。


先代熊鰐の娘・中津姫は任那の皇太子妃として息子のオホサザキを産み、皇太子が夭折すると先代熊鰐が難波に移住するのに同行して、母に代わりに熊鰐家を取り仕切るようになった。

難波王になったオホサザキは生母のため、淀川の岸辺に住居を作ると任那以来仕えて来た人々も近くに住んだ。

不弥は時々近くの中津姫の住居を訪ねて、姫の生きがいとなった絹織物を続けられるよう何かと面倒を見てくれた。

オホサザキの皇后・磐の媛は、結婚直後に任那を訪れた時、彼の実家に逗留して義母になる中津姫に非常に可愛がられ、彼女たちが難波に来てからも親しく付き合っていた。

最近オホサザキの心がとかく日向髪長媛へ向かい、気塞ぎの日が多くなった磐の媛は「私はこの家に来ると気が休まる」と言い、親の死後疎遠になった葛城の代わりに、長くそこに逗留するようになった。

第三部　海神族による統一倭国家

一一章　蘇我満智　諸国流浪の末に倭へ

百済では尚古王の後を継いで息子が仇首王《きゅうしゅおう》となり、偉大と評判の高い父の遺訓を忠実に守って中国・東晋に朝貢し、任那と組んで新羅や高句麗に対抗する体制を継続した。これで国内は一応平穏が保たれたが、残念ながら先王ほど強い指導力は無いので、人々の心は『高句麗がくる…』の噂だけでも大きく揺れた。仇首王は、十余年前高句麗が仏教僧を中国から招いて国を強くしたと聞き、東晋へ使者を送り仏教僧を招くことにした。

しかし、使者に引率された異国僧摩羅難陀《まらなんだ》と弟子の僧たちがようやく百済に着いた三八四年、仇首王は瀕死の床にあり、間もなく亡くなった。息子の皇太子が枕流王《ちんりゅう》となったが、前王の弟はその継承を不服として、翌三八五年、一年にわたる抗争のすえ枕流王を殺し、自ら辰斯王《しんし》として即位した。

この争いの背景に、仇首王の性急な仏教招来政策に反対する宮廷高官たちの不満があった。彼らは、百済に根付いた祭祀儀礼、自然神信仰・祖先崇拝・農耕儀礼などを守るため、前王の弟を担いで立ち上り、辰斯王の即位でひとまず決着が着いた所だった。しかし宮廷広間で盛大な即位式が行われている間にも、華やかな装束で飾った参列者は敵・味方を確かめ合う目配せやヒソヒソ話ばかり、うそ寒さが漂っていた。

任那王ホムダワケは辰斯王の即位式に出席するため、成長した息子・ホムダマワカを連れて久しぶりに百済の都・漢城へ参じた。ホムダワケは任那王と言うより、偉大な故尚古王を義父とし、息子のマワカは直系の孫に当たるので、二手に分かれた人々からそれとなく誘いかけられたが、どちらにも深入りしないよう用心深く行動した。

ホムダワケ王が父に連れられて初めて漢城へ来たのは、僅か十五年ほど前、今のマワカと同じ年ごろだった。

急に大きな都の王宮に来て、周りをキョロキョロ眺め驚いていた自分に比べ、既に何度か漢城に来ている息子は慣れたもので、着くとすぐあちこち知り合いを訪ねていた。昨日は、故仇首王が東晋から招請した仏教僧が、漢山にある急造の粗末な仏寺に住んでいると聞いてさっそく訪ねたという。

「最近百済では仏教が評判らしいが、一体どんなものか？」

「私も最近聞いたばかりですが、中国の遥か南西にある印度という国に今から約千年前生まれた、釈迦《しゃか》という人が初めた教えです。

これまでの神の教えは、すべて一つの集団の中だけに通用し、神の示す善悪に従って行動して、願ったことを神が認めてくれるよう祈ります。

一方、仏教では所属する集団とは関係なく、一人の人間として生きる道を探し求めます。人間はこの世を生きるだけでは無く、過去・現世・来世と続く輪廻《りんね》の世界を巡り、現世でどう生きれば来世で幸せに生まれ変れるか、その方法や考え方を教えてくれるというのです。経典としては三百年ほど前の中国に伝わり、最近信じる人が非常に増えているそうです。いま中国では（五胡十六国時代）、北方から様々な蛮族が入り込んで、次々に新しい国を打ち立て、激しく合戦しています。また一つの国の中でも色々な集団があり、人びとの行動もバラバラです。勝った国の王は負けた敵国を取り込んで一つの国にまとめるため、仏教を導入して人々の心を掌握する狙いのようです」。

「では、百済の人々は仏教をどう思っているのだろう」。

「百済では熱心に仏教を導入しようとした前王が亡くなり、その方針を受継ぐ王子派と、それに対して旧来の百済の宗教を守りたい前王の弟派が対立して争い、弟君が即位式寸前の甥を殺して辰斯王として即位しました。人々は仏教で国がまとまる前に、国の混乱を招いたと嘆いて居ます」。

「任那や倭も、仏教を導入する方が良いだろうか？」

「その前に、仏教をもっと良く知った方が良いと思います」。

百済ではその後も、現王系の反仏教・保守派と亡き王系の復帰を求める仏教推進派の対立が続いた。その事はさておき、任那のホムダワケ王の悩みは、大国意識の強い辰斯王とは、共同して宿敵高句麗に備える話が殆ど進まない事だった。

そこでホムダワケ王は前年倭の難波へ行き、多くの兵を派遣して貰う約束をしたので、三九〇年春　独自に仇敵新羅を攻撃し、多くの新羅の城を占領した。

すると少し遅れて九月、百済の辰斯王は任那とは無関係に、上級武人を派遣して高句麗の都押城（平壌付近）を攻め、二〇〇人の捕虜を連行して帰還した。大勝に気を良くした辰斯王は宮廷を修理・増築し、池を掘り人工の山を造り、珍しい動物、草花を楽しむようになった。

高句麗・故国譲王は百済の強気の動きに危機感を抱き、三九二年春、密かに新羅に使を送って修好を結んだ。

新羅王は姪を人質として高句麗へ送り、密かに両国の間に同盟を成立させた。

同年五月高句麗では老齢で穏健派の故国壌王が亡くなり、しばらく後継者を巡り部族内で協議が続いたが、豪勇で鳴る息子の広開土王《こうかいどおう》・好太王《こうたい》が三九三年即位すると、果たして高句麗軍は本格的に朝鮮半島へ南下し始めた。

百済王朝内では、独断型の辰斯王では対応できないと考えた一派に任那も密かに加わり、三九二年十一月辰斯王を殺し、ようやく成長した故枕流王の長子を阿莘王《あしんおう》として即位させた。

百済と任那・倭は協調しつつも、各々独自に戦うことになり、任那と倭は新羅の都・金城（慶州）を包囲し、百済は同年八月、王妃の父で勇将と名高い真武が八万の兵を率いて高句麗南辺の関弥城を攻めた。しかし高句麗兵の籠城作戦に会って、兵站が途切れて撤退した。

翌三九四年八月、百済は再度高句麗の南辺を攻めたが、反撃を受けて敗れた。

三九五年七月、高句麗好太王自ら、満を持していた五千の騎馬を率いて、来襲した百済兵を迎撃して打破した。

三九六年八月、さらに好太王は兵をあげて、百済の本拠・ソウルの漢山城を攻め徹底的な勝利を収めた。

敗れた百済の阿莘王は高句麗への服属を誓い、王弟・大臣らは高句麗へ連行された。

百済は高句麗へ服属しつつも、翌三九七年五月、倭国と修好を結ぶため太子（後の腆支《てんし》王）を人質として送った。敗れた百済では新羅へ逃れる者が多く、次の高句麗戦に備える農民の徴発が難しくなった。

四〇二年三月　新羅は倭国と通好して奈勿王の子未斯欣を人質として倭へ送った。

百済では宮廷近くを流れる漢江に水軍基地を作り、そこへ倭軍も加わり、四万の大軍が高句麗への最後の反撃のため訓練を開始した。

これまで蘇我満智《まち》は漢城の役所で前線への武器や補充兵の調達、食糧の補給手配を担当していたが、前線へ移って四万の大軍を統合指揮する百済・任那の将軍の脇で、直接宿営や武器の補充・運搬などを指揮することになった。

四〇四年、厳しい訓練を重ねた百済・任那の連合軍は、海から高句麗の平壌を攻める最後の決戦を開始した。両軍の勢力は伯仲し、戦線は一進一退を繰り返えした。幾分力の優る連合軍側がもう少しで高句麗兵が守る城を破ろうとし、その時土城の中で満を持していた高句麗勢が一斉に弓矢の大攻勢をかけてきた。雨、嵐のように降る鋭い矢は押し寄せる百済・倭兵の防護服を突き通して多くの死傷者を出し、残った兵は多くの負傷者を抱えて総崩れになった。

蘇我満智は戦いの状況を視るため前線の幕舎に残っていたが、高句麗兵による弓矢攻撃はこれ迄見たことの無い、凄まじい殺傷力と破壊力があった。「これが話に聞いていた『弩《ど》』だ。遂に朝鮮の戦いに弩が登場した」。

弩：古代の武器。機械仕掛けで矢を発射する強力な弓。弓部隊

そんな感慨に耽る間もなく、満智は退却兵の流れに巻き込まれ戦場をさまよう内に、見張りの高句麗兵に捕らえられた。やがて後方の敵の本拠に送られ、厳寒と酷暑が循環する粗末な収容所での永く過酷な捕虜生活が始まった。

この頃中国辺境の後燕国（都：河北省定州市）は、朝鮮半島における戦いを好機到来と見て、隣国の高句麗へ侵入の構えを見せた。そこで高句麗は後燕との戦いに備えて、朝鮮南部へ展開していた主力軍を中国東北部の本拠・国内城へ引き上げて行った。

四〇七年、高句麗は後燕に侵攻して六城を討ち、戦利品として鎧一万領を得た。これまで朝鮮半島南部で激しい戦いを続けてきた高句麗の矛先が、北西の中国側に向いたので、百済と新羅には一時的に平和が訪れた。

百済や任那の捕虜の多くは急遽高句麗の兵とされ、後燕との戦いに駆り出され死んで行った。兵として使えそうにない満智らは、そのまま獄舎で酷い暮らしを続けた。

苦しく単調な生活が永遠に続くかと諦めかけたある日、高句麗の監視兵が穏やかな雰囲気に変わった。十数年に渡り高句麗で絶大なる権力を持ち、厳しい戦いを指揮してきた好太王が若干三十九歳で亡くなった。

四一二年、全ての戦闘は打ち切られ、朝鮮半島の南下政策はひとまず終止符が打たれた。

停戦の余波は捕虜の蘇我満智に意外な形で訪れた。ある日、監視兵に引き立てられ長官の部屋に連れて行かれた。

「お前は、倭の言葉を使えるか」

「彼らのいう事はある程度分かるが、簡単な挨拶以外の言葉は知らないし、倭語を使って話した事は殆どない」。

「倭の本国は海の向こうというが、お前はその国の事をどの程度知っているか」

「殆ど知らない。向こうから来たという人間と直接話したことも多くない」。

「彼らはとても付き合えないほど変わって居ると思うか」。

「特にそう思ったことはない。どこの国の人間もそれ程違うわけではない、今までその機会が無かっただけだろう」。

「なるほど。ではもし百済人が倭人の服を着たら、百済人か倭人か、区別できるか」。

「百済人が見れば倭人かどうか区別できるが、普段余り両方を見慣れない高句麗や、中国の人が見たら分かるかどうか。ただ話し始めればすぐ分かるだろう」。

「お前は、かれこれ四、五年ここで暮らして大変だったろう。もしお前が倭人になりすまして、ある仕事をうまくやる気があればここを出してやる。その気はあるか？」

「もうここの暮らしにうんざりした。私にやれる事かどうか分からないが、ここを出られるなら何でもやりたい」。

「お前にやって欲しいのは、倭の役人に化けて高句麗の貴人と一緒に中国へ行くことだ。具体的にどうするか考えている上の方から、その策の可能性と候補者の有無を聞いてきた。わしは差し当たり如何にも兵士らしくないお前に、その仕事をする気があるかどうか聞いている」。

「そういう話ならやれそうだ、是非やらせてくれ」。


こうして百済の蘇我満智は思いがけない成り行きで、これまで殆ど知らない倭の人間に化けることになった。

長く捕虜として粗末にされてきたが、監視付きながら個室に移り食事も監視兵たちと同じものが支給された。

そして定期的に二人の倭人がやって来た。彼らは倭の捕虜の中から選ばれて、倭の遣使になる満智に、倭の言葉を教え中国まで随行する役目だ。三人は各々の役目をうまくやるよう練習を続けた。倭の教育係の一人は満智より五歳ほど年長の小柄な男で、何くれと面倒見が良い『兄さん』、もう一人は若い無口な男で、『ちび』と呼ばれ種々の雑用を引き受けた。

時々高句麗の高官らしい人間がやってきて、その前で予行してみせた。東晋の皇帝に謁見する前に、朝廷で会う人々に倭の遣使に相応しい対応をするように、である。

そんなある日、兄さんが満智の傍に来てそっと囁いた。

「お前さんは読み書きが出来るようだが、ひとつ俺に頼まれてくれないか」。

「百済では役所の仕事をしていたので、漢字の読み書きくらいはできるさ。それで頼みと言うのは一体何か」。

兄さんは辺りを見渡すと、さらに小声になり、

「俺が元気で居ることを、任那の我家に知らせたい」

「頼みは分かったが、家はどこか、そこへどうして便りを届けるのか、先方は書かれた字が読めるのか」

「ここ高句麗から任那へ便りを届ける手はずはついている。任那には妻が居る、妻は字を読めないが近くの人に読んで貰う。任那を出て十年近く経つ、早く俺が元気でいることを知らせてやりたい」

「成るほど分かった。兄さんの頼みは引き受ける、何にどう書けば良いのか」

彼が手持ちした紙に、言われる通り書いてやった。

しばらくすると兄さんがやって来て、

「この間は有難う、返事が来た。済まんがこれを読んでくれ」。そう言うと数枚の木片を差し出した。

「どれどれ……『元気でいるようで安心しました、こちらも元気です。娘も私の背を越すほど大きくなりました。何時あなたはこちらへ戻って来ますか』とある。

兄さんには奥さんと、そんな大きな子供が待って居るのか、羨ましいなあ。俺の百済の両親は早く亡くなったので、無事を知らせても、喜んでくれる身内は居ない」。

「それはお気の毒！　次の便りもまた頼むよ」。


ほぼ一年近い教育や訓練の間に、高句麗の狙い、つまり好太王の後継者・長寿王の考えは大体分かった。

『これまでの長期に渡る外征で、国民はすっかり疲弊し、国土は荒れてしまった。我が国が外征を止めるには、隣接する中国大陸から我が国へ敵が攻めて来ないようにすることだ。そのため従来我が国は中国の北の王朝だけに遣使して来たが、今後は南の王朝にも遣使して、両王朝を互いにけん制させ、大陸の諸勢力が我が国に攻め入ろうとする気持ちを無くしたい。

今度初めて南朝に遣使するので、その前に高句麗が如何に強国であるか先方に教えて置きたい。そこで近年倭兵が海を渡って、朝鮮半島の百済と新羅を征服した時、宗主国である高句麗の好太王が粛々と兵を進めて、二国を解放した出来事を大々的に言い広めておく。そこで我が朝貢使節に同行する倭国の遣使が高句麗の臣下のように振舞う姿を見せてやれば、我々の勢力の強大さを知り敬意を払うだろう』。

高句麗が南朝・東晋へ送る遣使団は、出発前に完成したばかりの好太王の顕彰碑を見学することになり、その際蘇我満智ら倭の遣使団も同伴した。

朝鮮との国境に近い中国吉林省集安市（古代高句麗の発祥の地）郊外の広い荒野に、巨大な角柱状の広開土王（好太王）碑・高さ約六・三米、幅約一・五米は立っていた。

間もなく学者が出て来て、石碑の文面の説明をした。

好太王の後を継いだ長寿王が（西暦四一四年）に建てたこと、好太王の高句麗と百済・新羅との戦いの経過と結果、関連する倭の行動が千八百余文字の純粋の漢文で刻まれていた。

『もともと百済と新羅は高句麗の属民であり朝貢していた。しかるに辛卯の年（三九一）、海を渡って来た倭は、百済・新羅を破り臣民とした。九年（三九九）已亥に、百済は高句麗との誓いにそむき、倭と和を通じた。広開土王は百済を討つため平壌に出向いた。そのとき新羅は使者を遣わし“倭人が新羅の国内に満あふれ、城や池を打ち破り、また高句麗王の臣下たる百済の民を倭の臣下にした。そこで新羅王は高句麗王に帰属し、高句離王の救援を要請する。

十年（四〇〇）庚子に高句麗王は兵を送り新羅を救援させた。男居城より新羅城に至るまで、倭は充ち溢れていた。官軍がやって来ると、倭賊は退却し、充ち溢れていた倭は潰滅した。

十四年（四〇四）甲辰、倭は不法にもわが帯方地方（現在の黄海道）に侵入してきた。（高句麗軍により）倭寇は潰滅し、斬り殺した者は、数え切れなかった』。

百済の兵士として戦った蘇我満智には、この碑文は一方的な文面で不満だったが、捕虜の身では何とも仕方なかった。

四一六年、高句麗と任那・倭の遣使団は南朝東晋の都、江南にある建康（現在の南京）へ向けて出発した。

都に着いた遣使団は皇帝に謁見したが、彼らの目にも、既に東晋王朝は衰亡期で、高句麗の期待に応える力が無いことは明らかだった（四二〇年東晋滅亡、南宋建国）。

失望の念を抱いて戻った使節団は、若い長寿王に朝貢の次第を報告すると早々に解散した。

われわれは今後どうなるか心配しながら帰ると、高句麗と任那・倭との間で捕虜の兵士を交換する交渉が始まっていた。百済との交渉は既に終り、百済交渉団は捕虜たちを連れて故国へ戻っており、引き続き任那と交渉をしていた。

満智は取り残されてしまった。高句麗の役人は、任那の捕虜たちも間もなく帰国するが、もしお前さえ良ければそれに同行しても良く、嫌ならこのままに居ても良い、と言った。

折角百済へ帰国できる機会を、変な誘いに乗り東晋へ行ったばかりに潰してしまった。わが身の不運を嘆いていると、兄さんが敵国高句麗に留まるより、自分たちと一緒に任那へ行こう、と誘ってくれた。

約一年間行動を共にする内に友情が生まれ「任那では身が落ち着くまで、我が家に居たらどうか」と誘ってくれたし、何度か兄さんの代筆をして、その家族まで知らない他人とも思えなかった。任那へ行けば何とかなる、今後の人生を任那・倭に賭けることにした。

早速任那側の交渉団のかしらという、年配の葛城ソチヒコに呼ばれた。

自分は倭の遣使になって東晋へ行ったので、百済人の捕虜帰還に間に合わなかったと云うと、度々の不運に同情して、任那へ行ったら是非自分の所に来てその経験を生かしてくれと言ってくれた。百済の朝廷に居た頃の満智は、任那とはこちらの言い分を良く聞いてくれる友好国、云うならば安心できる属国のような存在で、その実力を客観的に見る気もなかった。しかし高句麗や東晋を回ると、彼らは百済人が考える以上に任那・倭を重視していたので、改めて任那や倭に対する関心が湧いてきた。

任那の兄さんの家は渡来人の家が集まっている地域にあり、その地域の世話役「夕月の君」とは縁続きという。

周りにはトンカチ、トンカチと威勢の良い鍛冶の音や、バタンバタンと布を織る音が響く職人たちの小さな家が軒を連ね、幼い頃育った百済の自家の辺りとよく似ていた。

ただ満智の父は中国から流れて来た小役人で、子供の頃母と死に別れた満智は、父に百済の役人として出世せよと、書を読むことを厳しく仕込まれた。その父は手塩にかけた息子が官職につく前に、彼の出世を願いながら亡くなった。


兄さんが集まった家人に帰国の挨拶をする中で満智を紹介すると、皆は昔からの馴染みが一緒に帰って来たように、早速盛大な祝いの宴を開いて喜んでくれた。

翌日、満智は葛城ソチヒコに連れられて任那王宮に行き、ホムダワケ王に会った。王宮と云うが百済の漢城に比べるとはるかに小さく貧弱だったが、王は既に自分が偽の『倭の遺使』として東晋へ行ったことを聞いており、現地で知った東晋を巡る状況を説明してくれと言った。

「高句麗は、東晋王朝は既に末期的状態にあると見て、これ以上付き合っても無駄と判断したようです」と答えると、

「やっぱりそうか」と漏らす声が聞こえた。

その後、葛城ソチヒコに向かい
「我々も今中国への遣使を検討中だが、東晋の状況がそうなら、我々はいま急いで遣使を出さずに、準備だけは進めて、派遣の時期は状況を見ながら判断しよう。準備に役に立ちそうなこの男はお前に預けるから、用意だけはしっかりと進めておいてくれ」と指示した。

こうして満智は任那での身分が決まると、兄さんの娘と結婚することになった。娘にとっては、蘇我

満智は幼いころ別れた父と長年苦楽を共にした年配の人のように思っていたが、予想外に若く優しい笑顔の人だったので、一緒にやって行けそうに思ったという。

ホムダワケは任那や倭の将来について真剣に考えていた。

三八〇年にナカツワケ王を継いで十数年経ち、任那は高句麗との戦いに備えて兵力を増強してきたが、満を持して南下してきた高句麗・好太王の圧倒的な戦力の前に、決定的な敗北を喫した。先日蘇我満智から、高句麗との戦いの最前線で直接その状況を体感した話を聞き、百済・任那がなぜ敗れたか良く分かった。

四万の高句麗兵が攻めて来るのは知っていたが、従来の遠弓を使った射撃は熟練者でも難しく、人数を増やしても効果は少ないので、一対一の戦いではわが方が特に劣る筈はなかった。しかし百済・任那の連合兵が高句麗兵の守る城に一斉攻撃を仕掛けた時、城中から多くの弓で一斉に広く水を撒くように鋭い矢を降らせ、一方的に連合兵を壊滅させた。

満智の話によれば、弩と云う弓は、少し訓練すればすぐ使えるし、横に並んだ大勢の兵が一斉に発射し、それを何列にも並べて繰り返す戦術という。大量の兵を支える高句麗の国力と、弩の矢をつがえる精巧な機構を青銅の鋳物で大量に作る高度な技術力に怖れを覚えた。

いま高句麗は兵を北へ引き上げて、しばらく鳴りを潜めているが、やがてまたこちらへ食指を伸ばして来るだろう。これまで任那は、高句麗軍の南下する時期や兵の規模その勢いなどの情報は、百済から得てその指示で対応してきた。しかし今後は圧倒的な力を持つ高句麗に対して、従来通り同盟国の百済に頼るだけではなく、独自にも長期的に考えて準備しなければならなくなった。

高句麗が、百済との国境近くの小競り合いではなく、大軍を率いて半島の奥まで南下してくるのは如何なる時か。

今回高句麗が兵を引き上げたのは、中国の辺境侯国の燕が西から高句麗へ侵入する動きを見せたからだ。もし中国側が倭・任那の要求を容れて兵を高句麗側へ向ければ、実際に戦わなくても効果が期待できる。


我々も、平時から中国王朝へ朝貢して親密になって居れば、然るべき時に高句麗を背後から脅して、南下を諦めさせるように頼めるだろう。

いま中国の王朝は南と北に分かれ、また多くの侯国が激しく盛衰を繰り返しているので、どこへ朝貢すべきか決めるのは難しい。最近南朝の東晋へ素性の知れない『倭国使』が朝貢したと聞けば、のんびりしても居られない。

しかし慌てて今遣使するより、南朝の状況が落ち着くのを待ち次の王朝が始まる時を狙って、祝賀の使節を新王朝へ送る方が良さそうだ。

それまで我々は、誰を任那と倭を代表する王とするか、何を貢物にするか決めて準備を進めて置こう。

これまでの任那と難波の力関係を見れば代表に相応しいのは任那王の私だが、中国王朝や大陸の諸国からは、身近の任那は百済や新羅より弱小国として下位に見られるだろう。いっそ任那・倭を代表する王として、歴史上有名な大国・漢や魏へ遣使した倭王の後裔、難波の王を当てる手がある。そして任那は、魏志倭人伝における中国王朝の出先となった帯方郡のように、中国王朝を巡る動きを間近に見て、遣使の時期ややり方を倭・難波に教える役割を受け持つ。

ホムダワケ王はこの様に考えて、葛城ソチヒコを呼び次のように指示した。

「お前は倭・難波へ行き、オホサザキ王と中国へ冊封《さくほう》・朝貢の遣使する名を任那とするか倭とするか、協議して決めて来い。

私は体制作りなどの準備は任那がやり、実際に使節を送るのは倭国・難波の方が良いと思う。朝貢や遣使の具体的なところは、あの蘇我満智という男を同行して説明させよ」。

難波では任那の葛城ソチヒコ一行を迎えて、オホサザキ王を囲んで話し合いが持たれた。

まず葛城ソチヒコが南宋へ遣使する事の意義と、任那王の意向を説明した。

オホサザキ王は、難波が全倭を代表して中国の王朝へ遣使することなど、全く考えたことが無かったので、傍にいる和邇博士に意見を求めた。

博士は、この急に降って湧いた話にすっかり感激し喜んで、

「貴方にも、ようやく倭の統一を目指す時が来たようです。私が難波に来て初めて貴方と会った時、

この国の将来と王の役割について話し合ったことを覚えていますか。今度の任那王の申し出でによって、任那の分派のように見られて来た難波・河内国が、独立した統一ヤマト国として飛躍する時が来たのです」。博士はそう言うと自分の言葉に少し酔ったように、最近習い覚えた倭風の歌で今の気持ちを詠い上げた。

難波津に咲くやこの花冬ごもり今は春べと咲くやこの花　（古今集倭序文）

長い冬ごもりの末、難波津にようやく花が咲く春が来ました

「冊封についての中国王朝の基本的な考え方では、部下の諸侯は年に一度朝廷に貢ぎものを献上し、王侯として帝王に服属することを示す必要があります。しかし我国は遠方に在るので、服属に付随する体面や思惑などは余り気にしなくて良い。また今の所、近隣の倭の諸国は中国への遣使に何の関心も無く、我々が自らの意志で遣使しても気にしないでしょう。だからこの際、我々は思うように進めましょう。

倭は朝鮮に任那という出先府があり、難波・河内に政治的中心がある、その王が中国に遣使するという形にするのです。かつて、中国魏王朝へ遣使した倭の邪馬台国とそこの女王卑弥呼を連想させるのです。

正式に中国へ遣使した後で、他の倭国には難波・河内は先進大国の中国が唯一認めた倭国の代表であると主張して、その意味すら知らない周辺の国々を逐次配下に組み込む。こうして最終的には、ヤマト

を含めた倭全体を統一するのです。難波が倭の統一を実現するには、まだ長い年月がかかるが、その第一歩としてこの際貴方の名で遣使されるのは大変意義ある事と思います」。

満智は自分が倭の遣使となって、東晋の都へ行った奇妙な経験について詳しく説明した。

「先年、私は倭の服を借り倭の言葉を学び、高句麗が東晋へ派遣する初の使節と共に、任那・倭の使節として行きました。しかし朝貢品として持参したのは貂《てん》の毛皮と朝鮮人参で、これは明らかに高句麗産品ですから、よく見れば我々がニセの遣使であると分かります。しかし王朝末期の先方には、そこまで目の利いた役人が居なかったので、追及されずに済みました。今度の倭の遣使では、事前に貢品として何を贈るかを考え、倭として最高の品物を持参できるよう準備すると良いでしょう」。

オホサザキ王は直ちにその席で物部イコフツを遣使の準備担当に任命した。彼はあわてて立ち上がり、

「承知しました。しかし今の私は、中国王朝への遣使とはどういうことか、またどんな準備が必要か、朝貢品についても何が相応しいか、それをどうして手に入れるか、全く知りません。至急満智氏と相談し、倭国の産品から候補を選びたいと思います」。

いきなり蘇我満智は難波の高官・物部伊莒弗《いこふつ》と、中国への遣使について具体的に検討することになった。

二人は時々会って一緒に相談したが、満智は百済で軍の兵站の仕事をしていたし、イコフツは難波で

地方と中央との交易という似たような仕事をしているので、すぐ先方の考え方を理解でき話を進めやすかった。

伊莒弗が云うには、

「倭の産品には渡来人の手で作られる物が多い。しかし私は各地で働いている渡来人たちと直接話すことは少なく、どこのどんなものが良いか、まだ知らない。

この国の渡来人たちは朝鮮半島に百済、新羅などの国が出来る前からも海を越えて倭へやって来て、各所に数十人程度の集落を作り住んできた。しかしやがて半島とのつながりが切れ、倭の人々との交流も余りうまく行かないし、最近は百済だけでなく新羅からの渡来人も増えて、この国で彼ら同士のイザコザまで起こしている。

これから私は難波で渡来人たちと貢品との関係を調べるから、満智は任那に戻ってからも、中国と貢品に関する情報を連絡して欲しい」。

四二〇年、任那のホムダワケ王は中国南朝の東晋が滅び『宋』が建国したことを知ると、難波のオオサザキ王に倭王の名で直ちに新王朝宋の誕生を祝する使節を送るよう伝えた。

やがて倭の遣使一行は宋の都へ行き、新王の祝賀に参加する大役を果たすと、帰途任那へ立ち寄りその状況を報告した。

老齢のホムダワケ王は非常に喜び、故父王が百済の尚古王から譲られた豪華な『七支刀』を彼らに手渡しつつその刀剣の由来を説明した。最後に、これからは難波に居る倭の王は子々孫々迄この刀を大切に祀るよう伝えよ、と繰り返した。

倭の遣使の件が一段落した頃、百済から任那のホムダ王へ依頼が来た、

「百済もなるべく早く宋へ遣使したい。そちらに居るという蘇我満智氏がこの件に詳しいと聞く、事情を聴きたいので彼を派遣して欲しい」。

任那へ戻っていた蘇我満智は、十余年ぶりに故郷百済の漢城の地を踏んだ。百済の王宮に入ると旧知の木満致《もまんち》が出て来て、二人は思いがけない出逢いに抱き合って喜んだ。

木満致はいま百済国の高官になっているが、百済に居た頃満智を可愛がり、自分の名に因んで満智と名乗るよう勧めてくれた上司だった。

「お前はすでに死んだと思っていたが、また生きて会えたので良かった。だが、なぜ百済に戻って来ない、何時まで任那に居るのだ？」

「百済に帰っても家族も、兄弟も居ないし……」

「そう言えば、あの頃まだ独身だったな。よし、いまから俺が百済の嫁さんを探してやる」

「久しぶりに百済に来て本当に懐かしいが、私は任那に住むことにしました。実は任那に着くとすぐ結婚して今は子供もいます。任那の地に因んで韓子《からこ》と言います。子供は本当に可愛いですね」。

「そうか、妻子を持ったか。お前にはすっかり苦労させたが、幸せを掴んで良かったな」

「有難うございます。所で仕事とは中国・宋への遣使の件ですね」。

「任那では、高句麗が平壌に本格的な城を築き始めた事を知っているか。その城が完成したら、彼らは都を中国北辺から平壌へ移す積りだろう。これまでは高句麗の大軍が春に朝鮮半島を南下して来ても、秋になれば南朝鮮での戦線を縮小して国境の大河・鴨緑江を渡って帰って行った。だから我々は彼らの攻撃を半年だけ耐えれば良かった。しかし今後は彼らがずっと朝鮮半島の平壌に居座るので、我々は一年中気が抜けなくなる」。

「そうなると、確かに大変な変化が起きそうですね」。

「今の高句麗長寿王は、父・好太王ほど戦さに強くはないが、中国の北魏に倣ってしっかり国作りをしてから、一歩一歩じっくり攻めてくるようだ。我々も長期戦を覚悟して準備しなければならない。そこで百済も中国へ遣使することに決めた。かつて偉大な尚古王が東魏へ遣使してから五十年ぶりだ。間もなく百済は南朝の宋へ毎年朝貢の使節を送ることにした。そこでお前にはその経験を教えて欲しい」。

満智が任那へ戻ると間もなく、百済も南宋へ献使した。

やがて周辺国が恐る恐る見守る中で、高句麗の長寿王は王宮が完成した四二五年、中国北東部の故地を去り平壌へ遷都した。朝鮮半島における高句麗の優位性は一段と高まり、半島全体が異常な緊張状態に包まれるようになった。

これに対抗して新羅は、先の戦いで高句麗へ人質に送られた王弟が、四一八年に帰国して訥祇麻立干《とつぎまりつかん》として即位し、以後徐々に高句麗への従属体制から脱するよう努めていた。

百済では次に即位した毗有《ひゆう》王は四二九年南朝宋へ朝貢し、以来毗有王は四三三年宿敵新羅へ使者を送って和親を要請し続け、更に贈り物の交換を通じて両国の修好を進め、やがて新羅との間で待望の『羅済同盟』を結ぶことに成功した。

こうして、中国南朝宋を含む百済・新羅の協力関係が成立し、北朝（北魏）と結んだ高句麗に対抗する態勢が整い、朝鮮半島における緊張はひとまず回避された。


しかし羅済同盟が成立すると、新羅は百済以外の隣接する加羅諸国やその先の任那を思うままに攻撃できるようになった。百済に外された任那は倭諸国から支援を得て反撃したが、海を渡って来る倭軍は新羅の地元民を使うゲリラ戦で不利な戦いを強いられ、次第に劣勢になっていった。

「もうすぐ高句麗と戦争が始まる！」。

その恐怖は百済や新羅の国に定住している人々より、小国の加羅や任那の人々や特に国の片隅で肩を寄せ合って暮らしている人々に大きかった。任那に住む満智と妻、その一族らは今のうちに安全な暮らしを求めて、海の向こうの倭へ移住しようと真剣に話すようになった。

そんな状況下に難波から物部イコフツがやって来て、満智は任那の王宮に呼ばれた。

「中国へ送る倭の朝貢品について、品物を作り仕上げる段階で多くの渡来人が関わっているが、我々はその実態を殆ど知らない。そのわけは彼らから『みつぎ』を受け取る仕組みがないからだ。現在難波・河内の国や王の支配下の国々では、収穫したコメの一部を農民からみつぎとして受け取る仕組みがあるが、鉄製品、織物など渡来人が行う多くの仕事においては、彼らが生産した品物に対して、どれ程みつぎを納めるか決めていない。我々は彼らを民として扱うこともなく、彼らの実態を知らない。各地の領主などが勝手に決めてみつぎを受け取っているだけだ、
そこでオホサザキ王は、既に倭国に住んでいる渡来人と新たに来る渡来人を含めて、彼らを民として扱う上で手本となる中国や百済のやり方を調べよと言われた。この際これらの国の事情を良く知る満智に難波へ来て貰って、協力して難波や倭の地に合う方法を作り上げて行きたい」。

蘇我満智は渡りに船とばかり、一族を引き連れて倭へ渡り、倭王の下で渡来人たちが前向きに暮らせる制度と、対応した組織作りの検討を始めた。

当時既に倭で一応の集団を成していた秦氏は、河川工事技術の専門集団として難波の堀江を完成させると、続いて茨田の堤の工事や淀川の改修工事に加わった。これらの仕事が一段落すると、一族は淀川上流の地を賜り集まって移住した。葛野《かどの》（京都府桂川下流地域）である。

そのような形で倭に定着した渡来集団がいる一方で、鍛冶や織物などの技術集団は難波や倭の各地に住んだが、移住後長くなるにつれ、身に着けた大陸の先進技術も陳腐化して、多少才知を働かせてもその立場は不安定になり、やがて単なる流浪集団になる危機が待っていた。

満智は倭の各地に孤立気味に存在しているこれら渡来人を統一的に組織化するため、新たに百済や新羅から来る渡来人をその地に送り、彼らの進んだ技術や優れた技能を旧来の渡来人集団へ注入して、共に再生・発展させるようにした。

新たな渡来人たちは、機織《はたお》り、玉造《たまつくり》、鍛冶……などを行っていた旧来の渡来人たちの上に立ち、彼らの取りまとめや朝廷との窓口として働くようになった。

新たな渡来人集団を『今来《いまき》の人』、また中国で秦の次の王朝・漢に因んで東漢《ひがしのあや》氏と言う事もある。古くからの渡来人集団は、自らを秦《はた》氏と称することがあったからである。

やがて物部氏の協力を得て、諸国からの貢物を大王の都へ送る方法が整備された。コメなどと同様に難波の港の大蔵に集めて保管され、大王の許で一括管理されるようになった。

やがてこれらのルートを通して大陸から新しい技術を配布する王の力が、人々の目に大きく映るようになり、その背後で新組織を推進し新しい技術を発展させた蘇我氏の力が益々大きくなった。

朝廷の支配区域は次第に地方へも広がり、新たに組み入れた地の豪族には、その土地の一部を大王に寄進させ『屯倉《みやけ》』と名付けて自らの直轄地とした。そこでも多くの渡来集団を受け入れた。

こうした渡来人集団のルートを通して、5世紀後半には最新の製鉄技術が倭国の各地で急速に拡がり、やがて朝鮮半島産の鉄鋌に依存せずにやって行ける国が現れてきた。

先進技術者を持つ渡来人を各地へ分配する役割を一手に引き受ける蘇我氏の力が倭国内で次第に強くなったので、オホサザキ王の次の（履中天皇）代に『執行官』制度が設置されると、物部氏ら古くからの臣下と共に、その一員に選ばれた。

また新王朝では、コメ以外にも各地の産品が難波に送られ倉庫に集めて保管された。この頃、中国から伝わった象嵌技術を適用して装飾刀を作るとか、中国への貢物としてヒスイの原石を加工した装飾品を作る専門職も誕生して、大王の権威を高める役目を担うようになった。

大王は各種役職を部下に与え、その働きに応じた物品を倉庫から出して支給する、このような大王をトップとする官僚組織が徐々に出来始めていた。

従来の豪族の族長を頭にその血族を幹とする自然発生的な組織に比べ、人々が目的に合わせて効率的に働くようになった。こうして統一ヤマト王朝が徐々に生まれ始めていた。

一二章　オホサザキ王から雄略へ

四二〇年代末、オホサザキ大王が亡くなると、その長子・去来穂別《いざほわけ》が即位しようとした。これは葛城氏がヤマト王朝の中枢入りを狙う第一歩でもあった。対して大伴・物部氏側は、ホムダワケ・オホサザキが目指した統一倭王朝が未完に終わるのを恐れ、オホサザキの二男・住吉仲皇子を擁して立ち上がろうとした。

しかし事もあろうに、中心になる住吉仲皇子が三男の瑞歯別《みずはわけ》に暗殺された。彼は母方の祖父葛城氏に去来穂別の次の王にすると耳打ちされ、兄殺しを引き受けた。こうして一波乱あると思われた、大王継承を巡る騒動はあっけなく終わり、去来穂皇子が履中《りちゅう》天皇として即位した。

履中王朝は始まったが彼は生来病弱だったので、自ら政務全般を取り仕切るより大王の前で重臣の集会を開き、そこで大事を決する方式を選んだ。

履中二年、蘇我満智、平群木菟宿祢《へぐりのつくの》、葛城円大臣《つぶらのおおおみ》、物部伊莒弗《いこふつ》らは新たに**執政官**（後の大連《おおむらじ》）に任じられた。

その時葛城氏の族長玉田宿祢は、もう年寄りの自分は今の時代に合わないと言って、息子の都夫良大使主《つぶらおおみ》（以下『円大臣』と表記）を推した。彼は他の三人より一回り若いが葛城の支族・芦田系からも受けが良く、老練の士に混じっても決して引けを取らなかった。

履中天皇はさほど仕事をしない内に持病が悪化して政務を続けられなくなり、即位後五年ほどで引退を申し出た。

そこで葛城氏の筋書き通り、仁徳の三男瑞歯別《みずはわけ》が反正《はんぜい》大王として即位した。

葛城氏の方では、彼を頑健で武勇に優れているだけの単純で扱い易い男と見て、兄殺しの成功報償として皇太子に推した。しかし、皇太子になってから心の安定が崩れたか、大王即位後も皇后も妃も持たず、満足に政務を執れなかった。

すぐまた次の大王を巡って、両派の対立が激しくなった。

葛城派は履中の次男市辺押磐《いちべおしいわ》皇子を推し、反葛城派は仁徳の末子雄朝津間稚子宿祢《おあさつまわくこすくね》（後の允恭《いんぎょう》）を推した。

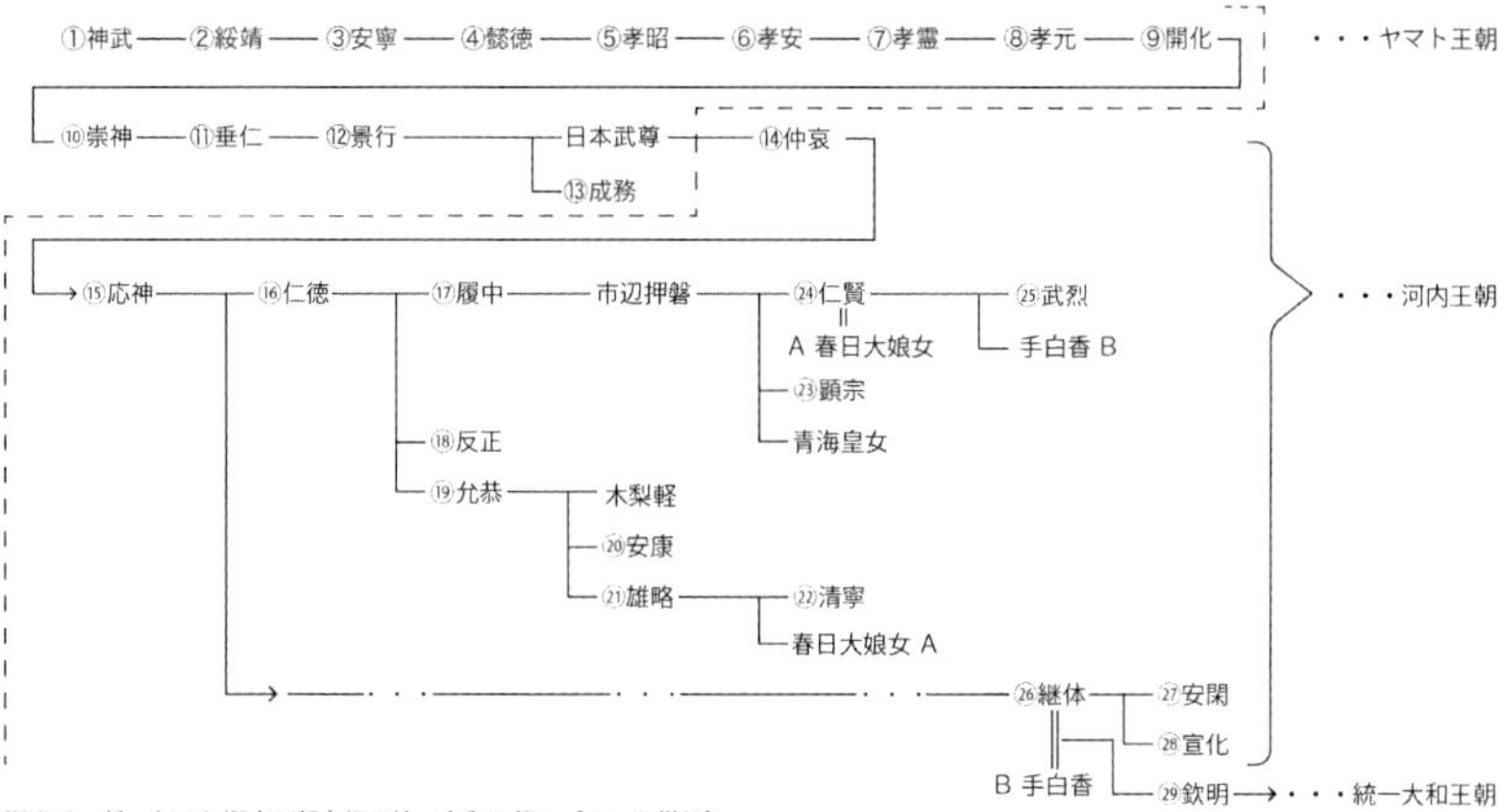

図 3-1　倭・ヤマト河内王朝を経て統一大和王朝へ（四、五世紀）

注 1．宮内庁公式文書をもとに筆者が一部修正
　2．A、B はそれぞれ同一女性（娘→后または妃）

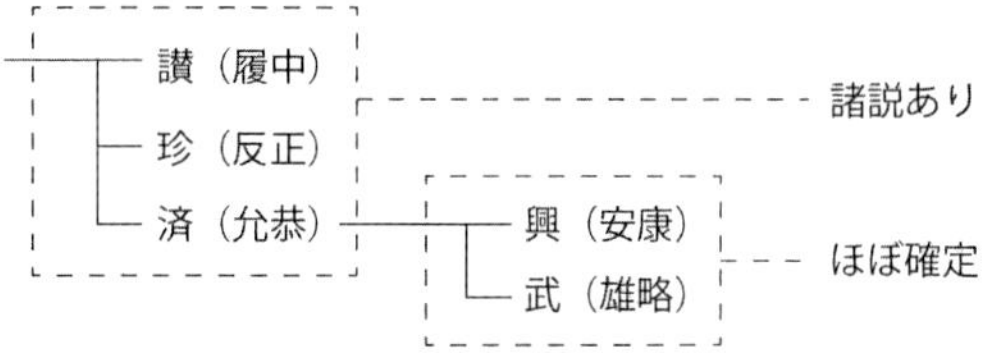

図 3-2　倭の 5 王（対応推定）

雄朝津間本人は多難視される大王位に気乗りしなかったが、反葛城派は次に市辺押磐に王位が移れば、その後ずっと葛城氏系に固定されることを恐れ、雄朝津間の妃に取り入って強引に王位就任するよう押して行った。

妃・忍坂大中姫の血筋は仁徳や応神系に繋がるが幾分うすいので、当時の葛城氏全盛の風潮の下では余り評価されなかった。

しかし、親元が淀川周辺に大きな土地を領して裕福な上に、最近配下に任那から大伴室屋などの有能な人間が加わったので、強く出ることが出来た。

反正の存命中に合意が必要というので、ひとまず

「次の大王は雄朝津間とするが、遠からず市辺押磐に譲る」という案で、妥協が図られた。間もなく反正大王は退位し、雄朝津間が允恭大王として即位した。允恭は就任すると父・仁徳亡き後の兄たちの十余年間を顧みて、彼らは一体何をして来たのだろうと思った。

倭諸国の統一とか、国力の強化など応神や仁徳らが掲げた目標はどこかに消え、日々の成り行きの中に完全に安住していた。これは兄達だけの責任では無く、葛城氏を含むヤマトの豪族と組んだ結果、彼らの考え方・やり方に従わざるを得なかったのだ。では自分は大王位にある短い間に何をすべきか。

まず手がけたのは、『氏姓制度』の改革だった。彼の希望を聞いた人々はそれがどういう事で、この政

情不安定の時に急いでやる必要があるかといぶかった。

允恭の思いはこうである。父の仁徳が難波の大王になった時、統一後の倭を想定し、和邇博士と相談して大枠を作り残した『氏姓制度』の改革であった。先王の頃はまだ夢物語だったが、倭の統一を本気で実現するには、みんなの考え方を変えなければならない。

「昔からある氏とか姓は、群臣たちが自らの身分を表す称号となっており、異なる氏姓間の上下関係さえ分からないし氏姓を偽る者もある。氏姓の乱れは国を乱すので、今のうちに現実に合わせて見直す必要がある」と。

そこで統一された後の、倭の統治形態と対応する大王（後の『天皇』）と群臣との関係や、夫々の行動規範などを新たな基準に沿って制定し直した。

改正された群臣の氏姓制度では、氏姓を六段階に分け、大王との血縁距離を基準として上下関係が決められた。

允恭の裏の狙いは、外戚として権勢をふるう葛城氏の力を排除することにあった。

允恭二年夏、都は突然大地震に襲われ、家屋や人命に多くの被害があった。宮廷では、前年に亡くなった反正の葬儀が続いていたが、『殯宮《もがりみや》』に駐在すべき責任者の葛城・玉田宿祢が居ないと騒ぎが起きた。あちこち手分けして探すと、彼は葛城の墓所で部下たちと酒を飲んでいた。

注：殯とは死者を埋葬するまでの長い期間、遺体を納棺して仮安置し別れを惜しみ、死者の霊魂を畏れ

かつ慰め、死者の復活を願いつつ遺体の腐敗・白骨化などの物理的変化を確認し、死者の最終的な「死」を確めること。殯の間に遺体を安置した建物が殯宮。

玉田宿祢に「至急出頭せよ」と命ずると、兵装のまま慌てて出頭し、何事かと尋ねた。彼には何の悪びれる風も無かった。従来から葛城氏では族長の死でもそんなに長い殯はなかった。大地震が起こり関連して何事が起こるか分からないので、不測の事態に備え一同に兵装をさせた。地震の被害もさほどでは無く、慰労の宴会を開いていた。大至急出頭せよと言われ兵装のままやって来た。

允恭は厳しく言い渡した。

殯の方式については、円大臣も出席した朝議で決められ、既に布告してある。我々の大王は従来の諸国の大王とは異なる、神につながる貴い身であるから、殯の儀も相応の礼で執り行わなければならない。特に責任者が兵装で神域に入ること、殯の場を長期間離れるとか酒を飲んで談笑すること、また朝堂に兵装のまま出頭することはもっての外である。これらの罪に対する罰は追って決められた通り執行させる。

玉田宿祢は自宅に戻ると、独り自分の行動を振り返ってみた。自分の息子のように若い允恭に厳しく罪を宣告されたが、自分のどこがそんな重大な間違いだったたか。武内宿祢、葛城ソチヒコにつながる武家の頭領として、誠に口惜しいが反論も出来なかった。だが息子の円大臣に余計な迷惑を掛けてはならない。そう考えると独り古式に従って自刃し果てた。

残された息子の円大臣は、何ともやり切れない悔しさに唇をかんだ。これまで葛城氏は半島から渡って来た河内のオホサザキ一家を、係累の一部として育成してきた積りだった。葛城氏の属するヤマト連合では長年三輪氏が大王の地位を独占してきたが、難波・河内と組んで自らが大王になる考えもあった。それがいつの間にか力関係がすっかり逆転し、彼らに葛城一族の命運を握られてしまった。

この際我々は葛城一族の力を取り戻すため、難波・河内の允恭とその一派を一日も早く一掃しなければならない。

葛城系と反葛城系との対立は、世の人々の見えない所で一段と激しく進んで行った。円大臣は次のように準備を進めた。

まず、自陣営から履中天皇直系の市辺押磐皇子を次期天皇として即位させるため、皇子とその一族を密かにヤマトの外にある葛城氏の屯倉に移して守る。

次に、出来るだけ多くの皇族を葛城陣営に取り込んで允恭系を孤立させる。仁徳の四人の子孫は殆ど葛城氏の磐の媛の子か、葛城系の女を妻としているので、こちらが働きかければ容易に味方にできるだろう。

またヤマト以外で、自分の妹・毛媛を妻とする吉備の田狭《たさ》に、こちらの旗揚げに呼応して難波・河内を攻める約束を取りつける。

注意すべきは反葛城派の允恭の三男、五男。中でも誰もが強いと噂の高い五男ワカタケルだ。

対する反葛城系では、密かに允恭の息子の中で一番頼りになりそうな五男ワカタケルの周りで兵の育成を始めた。

親衛隊長として、武蔵の国から来た奉公人で勇猛と評判の高いカサヒヨが選ばれた。彼の父は武蔵の国守ヲハケで、防人の長として初めてその国から任那へ送られる途中の吉備の港で偶然ホムダワケ王に会ったという。その時直接王に激励されたことを生涯の誇りとして、難波王に忠誠を誓うよう子供らに伝えていた。


允恭大王は四年ほど在位した後に崩御したが、氏姓制度の改革で強化された王権を使って、退位直前に妻が葛城系でない三男穴穂《あなほ》皇子へ王位を引き継ぐことに成功した。

安康《あんこう》天皇である。

安康は大人しく争いを好まない性格で、そこに目を着けた円大臣は密かに自陣営への取り込みを企て、安康に、弟君の雄略の妃として世間でも美人と噂される自分の娘・韓媛を薦めて欲しいと持ち掛けた。

安康はこの話は非常に良い話だと思った。うまく行けば乱暴と評判の雄略と、大きな勢力を誇る葛城派との間の争いが減り、その結果政治も王位も安泰になるだろう。

この話を聞いた雄略は兄の安康は人は良いが甘いと考え、その話に乗る風を見せつつ相手の出方を見ることにした。

こうしてしばらく平穏な日々が続いていたが、ある夜、安康大王は宮殿に忍び込んだ不審者によって殺害された。

騒ぎを聞きつけた雄略の親衛隊らが宮殿に駆け付けると、月の光に、下手人と思しき男が走り去るのが見えた。逃げる男をずっと追いかけると、その先に広壮な円大臣の屋敷が見えて来た。奇妙なことに、逃げ込んだ男以外にも次々と現れた不審な人物がその屋敷の中に消えていった。

間もなく宮殿に駆けつけた雄略は、追いかけた親衛隊長カサヒヨから騒ぎの状況を聞き、直ちに「屋敷への出入り口を塞ぎ、屋敷に火矢を放て」と命じた。

屋敷に火がついて盛んに燃え出すと、中から円大臣が出て来て、「娘の韓媛と共に葛城の屯倉七ヶ所を差出す」と叫んで、和睦を申し出た。しかし、雄略はその言葉に一切耳を貸さなかった。

夜が明けても屋敷は焼け続け、中に居た人々は全て焼き殺された。

次兄の境黒彦《さかいくろひこ》皇子、四兄の八釣白彦《やつりのしらひこ》皇子も安康殺害の下手人と共に葛城円大臣の屋敷へ逃げ込んで、多くの葛城一族と一緒に焼け死んだという。

ヤマト以外からも吉備の田狭が円大臣の呼びかけに応じて兵を動かしたが、その軍勢が船で瀬戸の内海を渡り、遠路難波に着いた時には、既に戦の大勢が決していた。

彼は幾つか吉備の屯倉と娘の稚媛を雄略に差し出して、辛うじて許された。

こうして、葛城円大臣一派が一掃されて、ヤマトと難波・河内を巻き込んだ戦闘はひと先ず治まった。殺された安康天皇の後継を早く決めなければならない。

今度の争いを収束させた最大の功労者ワカタケル・雄略を後継天皇として、新しい組織を作って行くことになった。

履中天皇の代に執政官制度が置かれ、天皇の下で開く執政官会議で諸事を決めていたので、雄略はその制度を復活させた。執政官には蘇我氏、平群氏、物部氏の他に、葛城氏に代わりヤマトの北西を領する和珥《わに》氏を入れ、従来各氏の中から推薦された人がそのまま執政官に任命され、大王に従わない葛城円大臣が選ばれた事を反省し、天皇が夫々の氏の中から執政官を選んで任命することにした。

ヤマト連盟の国々では、今度の争闘で多くの人が悲惨に殺されたのを見て、難波・雄略に激しい怖れを抱く人が多く、とても難波と完全な統一王朝を目指す雰囲気ではなかった。

そこで雄略は仁徳の草香幡梓皇女《くさかはたひ》を皇后にし、妃として敵方として戦った葛城方の韓媛《からひめ》、吉備方の稚媛《わかひめ》を入れたので、人々もこれで当分は争いが無くなると希望を持った。

また雄略は葛城氏に代わり執政官となった和珥氏と、ヤマトの祭事を家職とする物部氏に、ヤマトの豪族達の不満が三輪氏を中心に結集しないよう、特に注意せよと指示した。

一方、履中大王の市辺押磐皇子とその一族は、ヤマトを逃れ所在不明だったが、親衛隊が数年にわたり執拗に探し続けて、遥か遠い近江の山奥に隠れ住んでいる所を見つけると、密かに殺害し、遺体の所在も分からぬように処理した。

これら面倒な争いを処理するため大きな働きをしたのは、雄略の親衛隊長カサヒヨだった。雄略が細かく指示しなくても、その意を酌んで相手の勢力や地位などに構わず密かに実行し、反乱分子を強引に一掃して味方を有利に導いたので、ヤマトはようやく平穏を取り戻した。

しかし人々の間には、一連の争いの原因が不透明だとか戦い方が残虐過ぎるなど、親衛隊のなにか得体の知れないやり方に対する非難が絶えなかった。

そこで雄略は、親衛隊長を武蔵のカサヒヨから若い大伴金村に代え、さらに従来の個人的な親衛隊ではなく、王居の警察と近衛兵を束ねる正式な組織にした。

また金村には、上の首をすげ替えただけと言われないよう、若い隊員たちに美しい制服を着せ、規律正しい教育・訓練をして、その頃、河内と和泉の境に築いてきた巨大な仁徳陵の完成を祝う盛大な祀りを担当させて、親衛隊への印象を一新させるよう指示した。

そして前の親衛隊長カサヒヨには、これまで何度も延長させてきた都への出仕期限が切れる機会をとらえ、彼が故国・武蔵へ帰るのを許可した。さらに都での彼の顕著な働きを黄金の文字で刀身に刻した宝刀が下賜された。

彼の死後武蔵国の人々は、東国では初めての巨大な前方後円墳を築いて死者とその宝刀を納め、周りに集まって河内の宮廷で覚えて来たという歌を詠い、踊った。


補足：近年、ヤマトから遥か離れた武蔵の地（埼玉県行田市）で、突如巨大な前方後円墳群が発掘された。一九六七年、その稲荷山古墳中から、当時最先端の技術を用いて作成された刀剣が出土して、墓の主や、時代背景、ヤマト朝廷との関係などについて、色々な解釈がなされて来た。

刀剣の刀身部に金象嵌で刻された文字をX線で検査すると、銘文は次のように解読され、多くの歴史上の謎を解く鍵と期待されている。

『其の児名はヲハケの臣、カサヒヨ。世々杖刀人の首（武官の長）に為り、奉事し来り今に至る。ワカタケルの大王の、シキの宮に在る時、吾天下を左治し、此の百錬の利刀を作らしめ、吾が奉事の根源を記す也』

ここに葬られた男、ヲハケの臣のカサヒヨは、先祖代々朝廷で武官の長として仕え、ワカタケル大王時代、シキの宮で、天下に号令する立場にあった事を示している。

以下に中国・朝鮮三国・日本の夫々の歴史書で、五世紀半ばから末までの政治交渉（主に戦争）の対応する箇所を比較して、雄略時代の政治が実際にどのように行われたかを推察した。

五世紀初頭の高句麗好太王の死後、再び本格的に始まる高句麗の南下に対し、百済の毗有王は、百済、新羅各々が単独で戦うより共同して当たるべきと考えて、かねてより新羅へ使者を送り和親を要請し、更に贈り物の交換を通じて両国の修好を進めていたが、遂に四三三年待望の『羅済同盟』を結ぶことに成功した。

こうして、中国南朝の宋を中心に百済・新羅の協力関係が成立し、北朝（北魏）と結んだ高句麗に対抗する態勢が整い、朝鮮半島における緊張はひとまず回避された。

しかしこの同盟が成立すると、新羅は百済に遠慮する必要なく自国の勢力範囲拡大のため、隣接する加羅諸国やその先の任那を襲撃するようになった。任那も倭諸国から支援を得て反撃した。」

新羅側に次のような記録が残って居る。

・四三一年四月、四四〇年六月、四四四年四月と数度にわたり倭人は新羅へ侵入した。

・四四四年の侵入では首都金城（慶州市）を十日余り包囲した。食料が尽き引き揚げようとした倭軍に対し、新羅王訥祇麻立干《とつぎまりつかん》は群臣の反対を聞かずに追撃して数千の将兵の大半を失った。

四四五年十月高句麗が百済に侵入した際には、新羅から百済を救済する軍が派遣され、高句麗の侵入に対抗するために結ばれた『羅済同盟』が有効に機能した。

四五五年九月百済で即位した蓋鹵《がいろ》王は羅済同盟の成果に自信を得て、南朝宋との通好を改善し更に倭国との通好を固めるため四六一年頃、王子昆支を人質として倭へ送った。

四五八年、新羅で次に即位した慈悲麻立干《じひまりつかん》は度々倭人と戦い、倭人の侵入に備えて複数の城を築いた。


当時中国南宋の歴史書に倭に関する次の文が残って居る。

四六〇年　済死す。世子興、我が国へ遣使した。

間もなく興死し弟武（雄略？）立ち、自ら倭国王と称す。


日本書紀の雄略四年記に、次のような文章がある。

四六五年三月、即位後間もない雄略は自ら兵を率いて新羅へ行こうとしたが、神託を受けて親征をやめ、新羅派遣軍大将に大伴談《かたり》を命じ、紀小弓、蘇我韓子、小鹿火宿祢《をかひのすくね》ら共に派遣した。

新羅王・慈悲麻立干は数百騎の手勢を率いて遁走し、追撃した倭は敵将を斬るも残兵は降伏せず、談は小弓と共に戦ったが、その夜戦死した。談の従者津麻呂は主人が敵に殺されたと聞き『主人が死んだのに生きていても仕方がない』と言い残し再び敵中に飛び込んで死んだ。死んだ小弓に代わり息子・記大磐が指揮を取ったが、蘇我韓子は従わなかった。韓子は後ろから弓で射られて死んだ。

この記事から次のように、かなり切迫した状況だったと推察される。

①倭国内では当面の敵を倒して勢いづいた雄略は、自ら朝鮮へ渡って戦おうと張り切ったが、長期間難波を離れて新羅と戦うのは困ると思った臣下が、神託を持ち出して雄略の外征を阻止した。

②先の雄略の皇位継承を巡る戦いで、これまで朝鮮での戦いに精通してきた葛城氏、吉備氏が排除されたので、現地の戦の指揮を不慣れな大伴に委ねるしかなかった。

③緒戦は勢いに任せて優勢だったが、粘られて野戦になると指揮系統の乱れを突かれ、バラバラになり大敗した。

四七五年九月、好機到来と見た高句麗長寿王は三万の兵を率いて百済・漢城を攻めた。百済蓋鹵王は籠城を図ったが焼き討ちにあい、逃げ出した所を捕まって処刑された。

辛うじて逃れた子の分周王は救援を求めて新羅へ向かい、同十月に救援の新羅の兵一万を率いて漢城に戻ったが、その時には既に戦は終わっていた。ここで一旦百済の国は滅亡し、逃亡先で即位した分周王は漢城から南の熊津（忠清南道公州市）に遷都した。その後二十数年間、百済では分周王、三斤王、東城王と次々に王が変わる不安定な状態が続いた。

四七七年三月、倭の**雄略天皇**は百済に隣接する倭の領土を百済に与えて復興を支援すると共に、弱体化した朝鮮半島の守りに対して中国・東宋の支援を求めて遣使した。

・四七七（昇明一）、倭国使を遣し貢献（宋書順帝紀）

・四七八（昇明二）、倭国王武を安東大将軍となす（宋書順帝紀）、『上表文』を提出す。

雄略が東宋順帝に送った上表文はかなり長文の見事な漢文で書かれている、

『倭国は貴国より遥か遠方にあり貴国の藩屏となっています。

わが祖先は代々自ら甲冑を身に着けて、席を温める暇も無く、東は毛人の五十五国を従え西は夷人の六十六国を征服し、海を渡って九十五国を平定したので、帝王の徳は広大に広がった国境まで遍く行き渡るようになりました。

累代の倭王は定期的に帝王の許に使者を送って参りました。

不肖私はこの度倭の王統を継ぎ、部下を引き連れて帝王に仕えようと航海の準備も怠りません。しかし高句麗は理不尽にも百済を征服しようと企て、朝鮮半島南部地域を荒し、殺戮をやめようとしない。我々が帝王の許に遣使する度に途中で高句麗に阻まれ、また海路もままなりません。

私の亡父済は高句麗が入朝する道を妨げるのを怒り、軍装した百万以上の兵を出征させようとした時に、父済と兄興の二人が死し、私は蟄居して休む羽目になり、未だ高句麗を倒す目標を達成できません。

今私は父兄の遺志を継いで兵を率いて戦に出る覚悟です。私はひるむ事無く前を向いて全力で高句麗と戦う決意です。もし帝王の御威光の下で、強敵高句麗を打ち砕くことが出来ましたら、先代の倭王からの悲願を達成することが出来ます。そのためにも帝王より高句麗と戦うにふさわしい役職を賜りますれば、忠誠を尽くしてまいる所存です』。

雄略側の懸命な努力にも拘らず翌年東宋からは、従来と殆んど同じ内容の簡単な次の書状が届いた。

使持節都督倭・新羅・任那・加羅・秦韓・慕韓六国諸軍事・安東大将軍・倭王に叙す（宋書倭国伝）

一般に外交文書では、求める利益を得るため、自国を実態以上に見せかけて記述する。この文書を担当した倭の役人も、受け取る宋の役人も漢人特有の誇大癖が強く、二人は当然その辺は分かった上でのやり取りであろう。

然るに約二百年後、記紀の編纂者は倭王武（雄略）の上表文を使って、中国や朝鮮半島諸国と比較して、日本における統一ヤマト王朝成立の時期を少しでも早くして、倭（日本）が古くから存在した立派な国であると見せかける為に使い歴史を偽装した。

即ち、上表文の**『東は毛人の五十五国を従え西は夷人の六十六国を征服し、海を渡って九十五国を平**

定した……』部分を、記紀では「雄略より百年も前に統一ヤマト王朝が成立していた」と思わせるため、雄略の死後各地（出雲、筑紫、尾張、東国）で行われた平定に関わる伝承話を集めて、一人の王子ヤマトタケルの英雄譚に作り変えている。

さらに雄略は実態を離れて、数々の武勇と恋の伝説につつまれた古代の代表的な帝王と見せかけるため、幾つかの虚飾が使われている。

例えば次の歌を雄略天皇御製として、万葉集四、五〇〇首の巻頭を飾っている。

歌人佐々木信綱氏の文章（ＮＨＫ　「一〇〇分de名著」のテキスト）より転載。

雄略天皇御製の歌　　**（万葉集巻一・一）**

籠《こ》もよみ籠もち　掘串《ふくし》もよみ掘串持ち
この丘に菜摘《なつ》ます児《こ》　家聞《き》かな名告《の》らさね
そらみつやまとの国は
おしなべて吾《われ》こそをれ　しきなべて吾こそませ
我こそは告らめ家をも名をも

訳：籠よ、立派な籠を持ち、掘串よ、立派な掘串を持って、
この岡に菜を摘んでおられる娘よ。家と名前を申せ。

この大和の国は、すべてこのわれが治めているのだ。

全体的にわれが支配しているのだ。まずはわれこそ、家も名も教えてやろう

籠《こ》：竹で編んだ容器、掘串《ふくし》：土を掘る道具、ヘラとも

補足：春の一日、多彩な衣装に身をつつみ、岡で草を摘んでいる娘たち。そこへ通りかかった、堂々たる体軀に立派な髭をたくわえた大和の王者が、娘の一人（神に仕える女性？）を見そめて、呼びかける……これは求婚の歌です。

と同時に、三度も繰り返される〈われ〉の強烈さの前には求婚された娘は「否」と言えなかったはずなので……、成婚　の歌でもある。

解説：この歌は（雄略）天皇が実際に作った歌とは考えられていない。共同体の中で毎年春、農耕開始に先立って演劇的・舞踏的な所作を伴って歌われた伝承歌であろう。

結婚とは子孫を繁栄させる事、その歌を農耕に先立って歌うことは、五穀豊穣を約束する事、つまり豊作を予祝《よしゅく》する（前提として祝う）事である。

その考えを支えているのは、言葉に霊力が宿ると信じる『言霊信仰』である。万葉集時代の人々は『言』と『事』は重なり合うものと考え、豊作だと言葉を発すると言葉の持つ霊力が事実を引き寄せて、めでたくも豊作がやって来ると信じた。

その際彼らは、日常の言葉で言うよりも歌の形でうたわれる言葉のほうが、言霊は威力を発揮することを知っていた。そこで、この「王者の結婚」の歌が作られ、その主人公の王者（すなわち作者）が、

数々の武勇と恋の伝説につつまれた古代（万葉人から見た古代）の代表的な帝王である雄略天皇に仮託されたと思われます。

そうした共同体の儀礼や伝承を踏まえたうえで、万葉集の編纂者は、遥かに先行する時代の偉大な帝王に敬意を払いつつ、大らかでめでたく、縁起のよいこの歌を巻頭に据えたのでしょう。このことは古代歌集としての万葉集の一面をよく物語っています。

ともあれ五世紀後半には、倭国では吉備など幾つかの国は自ら上質の鉄を作れるようになり、任那から鉄鋌を手に入れなくても良くなった。また新羅は隣接する加羅諸国から更に任那への侵入を繰り返えすし、衰退を続ける同盟国・百済は任那の占有する領土の割譲を迫るようになった。

こうした状況変化で、倭の諸国は難波・河内が要請する朝鮮半島への派兵に消極的になり、その結果任那の戦力は次第に低下して、独立国として維持するのが難しくなった。

しかし雄略は、応神以来の『任那との交易の維持拡大のため、倭から大軍を派遣して朝鮮半島で戦うことが倭国の拡大と統一につながる』という考えから離れられなかった。

以下の章では、雄略死亡後の混乱の中で、朝鮮半島の動きに拘らず、倭国自身の存続と利益のためと割り切った物部氏や大伴氏らの働きで、多くの危機を収拾しつつ継体天皇の代に念願の倭の統一を実現した。

一三章　雄略死後の混乱と大伴金村、物部荒甲《あらかひ》らの活躍

四八〇年のある日、老いた雄略大王は思い立って、豪華な装いに隊列を仕立てて葛城山へ鹿狩りに出かけた。馬に乗り山道を登って行く途中、谷川を挟んで向こう側の道を見ると、紅紐《べにひも》の付いた青摺《あおすり》の衣を着た、雄略一行と全く同じ恰好をした一行が向かいの道を登って行くのが見えた。

こちらが進むと向こうも進み、こちらが歩みを止めると向こうも歩みを止めた。そんな事を何度も繰り返すので、雄略は不審に思って相手の名を問うた。すると向こうもそっくり同じ言葉でこちらへ問い返してきた。雄略は努めて平静を装って自分の名前を告げ、改めて相手の名前を問うた。

相手は落ち着いた声で「吾は悪事も一言、善事《ぜんじ》も一言、言い離《はな》つ神。葛城の一言主《ひとことぬし》の大神なり」と。雄略は恐れ入り、弓や矢のほか供たちの着ている衣服まで脱がせて一言主神に差し上げた。一言主神はそれを受け取るとそのまま山道を登って行き、雄略らはその場に立ったまま、黙って一言主の一行を見送った。

彼らが見えなくなると、大王は急に息苦しさを訴えた。

そこで一行は狩りを止めて宮殿へ戻り、大王は寝床に入って横になるとそのまま起き上がって来なかった。

時々伴の者が覗くと静かな息をしていたので、枕元に水を入れた壺を置いてしばらく様子を見ること

にした。

三日目にようやく寝床から身を起こし、傍にあった壺を取り水口に当てて一口水を飲むと、絞り出すよう声で「四人を呼べ」と言った。

伴の者が急いで、草香幡梭《くさかはたひの》皇后、白髪《しらか》皇子、物部荒甲《あらかひ》、大伴金村《かなむら》の四人を枕頭に呼び集めた。

大王はようやく寝具から半身を起こし、弱弱しい目付きで四人を見つめていたが、やがてゆっくりつぶやくように話し始めた。

「一言主はわしに、何を言いたかったのだろう。

寝ている間、何度も何度も、同じ夢かうつつか分からない。のどが渇いて目が覚めた。水を飲もうとした時、フッと思いついた。『お前は間もなく死ぬ。やり残した大事を一言で、人に伝えよ！』、と」。

四人が慌てて「もう治ったようですから、しばらく休まれては」、言うと。

「いやわしの寿命は尽きる。その前に四人に後の事を頼む」。

「では、我々に後の事を命じて下さい」。

「わしが死ぬと、きっと王位を巡って混乱が起こる。

後継ぎのことは、皇后と皇太子に伝えてある。

金村と荒甲は二人を助けてうまく納めよ」。

言い終えるとそのまま床に伏し、目を閉じて動かなくなった。

供人らに後の手配を頼むと、四人は別室に集まり今後の進め方について話し合った。

まず皇后が、雄略の最後の言葉につけ加えて説明した。

「私が雄略と結婚する時、義父になる允恭帝から『二人は協力して、応神、仁徳以来の使命を実現せよ』と言われました。その頃既に王家に根を張った豪族・葛城が優勢となり、倭の統一より彼らの思惑や利益が優先される時代でした。先王は末息子の雄略へその使命の実現を命じたのです。まもなく雄略は葛城色の兄たちを追放或いは殺害して、皇位に就きました。私を皇后にし残った葛城と吉備の有力豪族には協力を約束させ、人質として妃を出させた。これで私に世継ぎの皇子が生まれると何の問題も無かったのですが、遂に私には子供が出来ませんでした。一方で葛城氏系の韓妃《からひめ》には白髪《しらかの》皇子、吉備氏系の稚《わか》妃には星川皇子が生まれたので、彼らはまた勢力を盛り返して、雄略の意に反する動きをするようになりました。

雄略は葛城山で倒れ、自分の代では倭の統一を実現出来ないと諦め、我々に後を引き継いでくれと言ったのでしょう」。

次は内々に後継者と想定されてきた白髪皇子が、

「私は以前から父に『わしが死んだらお前が継げ』と言われて来ました。しかし私は生まれついて髪だけでなく全身が白く、外の日に当たると皮膚が焼けて水膨れになり、痛くて夜も眠れない。

身近な人々はさりげなくそれを承知しており、私が成人しても大王を継ぐとは思っていないし、私が継いでも寿命は短いからその後は自分たちで上手くやろう……と」。

「皇子の身体のことは私も薄々聞いていますが、早く后を娶って、王子が生まれれば問題が無いでしょう」。

「その事は天皇や皇后から何度も言われました。でも私は、また自分のような子が生まれるのが怖い。私がこんな体になったのは、父王が己の兄弟とその縁者や臣下たちを次々に殺した祟り、と噂されています。私は生涯独りで終え、その悪い縁を絶ち切りたい」。


そこで大伴金村は現在の状況を整理し、各々には今からやるべき事を指示した。

「吉備は葛城の前例から見て、このまま待っていたら自分たちは益々不利になると見ています。そこで大王が死んだらすぐ難波に兵を送って朝廷を占領し、次の大王に星川皇子を立てて、倭の諸国を味方にしようと働きかけるだろう。その狙いを阻むため、私たちは直ちに星川皇子と稚妃を捕え、更に吉備の本国へ兵を送って徹底的に戦う。

そんな戦いとは関係なく、皇后と白髪皇子のお二人は次の大王になりそうな人を探しておいて下さい。この所大王の血筋の人達が多く殺されたので、我々は今どこにどんな人が居るか分からない。

大王の条件は次の二つ、倭国の統一を目指すこと、形式はどうでも良いから雄略の血筋を残すこと。我々はその人を大王として倭の諸国を納得させ、統一した倭国を作り上げるよう努めます。

また白髪皇子には不本意でしょうが、雄略の死後次の大王が決まるまで、しばらくの間大王位を引き受けて下さい。

　では吉備の件が一区切りしたら、またお逢いして次の話をしましょう」。

　直ちに金村、アラカイの二人は吉備稚妃の館を包囲し、火を点けて妃と星川皇子を殺害した。続いて折よく任那へ行く予定で難波や周辺の港に停泊していた多くの船と、それに乗り組んでいた多くの兵を引き連れて吉備へ向かった。それらの兵船は任那からの要請を受けて、千人近い兵を乗せ百済へ向かうため、たまたま難波などの港に集結していた。彼らは四七五年高句麗の侵入で百済の漢城が落城した時、人質として倭に来た王弟を、次の百済王に就けるため本国へ送る護衛として近江の毛野や東国から集めた兵だった。

　こうして大伴金村は兵と船を流用して、吉備側の準備が不十分の内に吉備を急に襲ったので、大勝利する事が出来た。

　この時流用された兵の代わりに、九州筑紫の王・磐井《いわい》に指示して、少し遅れ人数も半分の五百人を付けて百済へ派遣した。この時百済へ送られ王位についた東城王は、倭からの護衛兵が減り支持基盤が弱くなったことなどから、余り活躍しないまゝ数年後に亡くなった。

　吉備では吉備上津道臣《かみつみちのおみ》が一族の血を引く皇子を救うため四十艘の兵船を難波へ送ったが、出港後に皇子らの焼死の報を得て急ぎ吉備へ戻った。しかしその時は吉備での戦いは既に終わっていた。
吉備では、十余年前吉備田狭《たさ》が葛城円大臣への支援で難波へ向かったが、雄略の反撃に会って敗れた。その後部族内の対立が続いていたが、今回の戦いで吉備は完全に敗北して、備前・備中など小国に分割された。その結果、かつては米・鉄・塩・海運に恵まれ『眞金吹く』と詠われた瀬戸内きっての大勢力は、完全に難波の支配下に抑え込まれてしまった。

大伴金村はしばらく吉備に兵を留めて、そこに直轄の屯倉《みやけ》を数か所設けた。出雲への街道の要所に白猪《しらい》屯倉、瀬戸内の海運の要所に児島屯倉、夫々来るべき出雲と筑紫との戦いに備えて、兵舎や米の倉庫を置いた。ついでに、百済への派兵を渋ったヤマト諸国を威喝し、彼らが摂津や播磨に持っていた屯倉を取り上げて難波の勢力下に置いた。
注：「屯倉」とは元来倭王権の建造物（米などの穀倉、製塩、鉱山、漁労、武器など）を指し、また耕作地を含めて広く称する名称。倭王権が多様な目的で設置した政治的・軍事的拠点。大王の権力が強くなる五世紀の仁徳の頃から設置が始まった。

こうした敏速な行動で、ワカタケル王死後の混乱を一先ず収拾することができた。難波に戻ると四人は集まって、今後の事を話し合った。まず皇后が雄略の血筋を辿って得た情報を紹介した。
「皆が知る通り、雄略の后の子で今残って居るのは、葛城の韓媛妃系の白髪《しらかの》皇子一人だけになった。

しかし範囲を采女《うねめ》の子まで拡げると春日大娘《かすがのおおいらつめ》が居ます。
注：采女とは朝廷で天皇や皇后に近侍し、食事など身の回りの庶事《しょじ》を行う女官。天皇の妻妾の役目を果たし、子を産む者も居たが、母親の身分が低いので立場は低かった。古くは地方の豪族が一種の人質として娘を献上する習慣があった。

雄略は若い頃、こんな戯れ話で私を悔しがらせましたよ。

『雄略は采女の童女君《おみなぎみ》がたった一夜で身ごもったので、生まれた春日大娘が自分の娘かどうかを疑い、認知されなかった。

あるとき物部目《め》大連（執政官）が、庭を歩く少女の姿を見て、大王によく姿が似ていると言うと、大王は彼女の母がたった一夜で身ごもったと言うが、果たして自分の娘だろうかと答えた。

大連が、大王は一夜に何度童女君を召されたか尋ねると、七度召したと答えた。

聞いた大連は大王に、身ごもりやすい女は褌《ふんどし》が体に触れただけで身ごもります、と言って諫めた。

大王は少女を認知して皇女とし、母の童女君を妃とした』。

皇后はここで一息ついてから、再び話し始めた。

「白髪皇子はやはり妻子を持つ気はないと言うので、これからこの春日大娘をどう使うかを考えましょう。

雄略は己の王位を継ぐのに邪魔な多くの身内皇族を殺し、辛うじて生き残った履中天皇の市辺忍歯皇子も、数年にわたる残党狩りで見つけて殺され、山奥に埋められた。その後生き残った二人の王子の行方は分からなかったが、先日末娘の青海皇女と連絡が取れ、逢うことが出来ました。

彼女の話では、兄二人は父・市辺忍歯皇子が雄略に残忍に殺されたのを見て、他人に会うのを極度に恐れ、隠れて暮らしているそうです。

彼らが怖がらずに会ってくれそうな人を現地へ送り、雄略は死んだのでもう隠れなくて良い、と言って、王子たちをつれ戻して欲しい。

彼らが難波宮での生活に慣れた頃、二人の何れかと、雄略の血を引く春日大娘を娶わせましょう。その結婚は、長く対立した仁徳帝の允恭・雄略系と履中・葛城系との和解の『しるし』として、人々を安心させるでしょう」。

大伴金村は、きっかけが見えてきたと喜んで、

「では、私が行って二人を説得しましょう。しかし王子らは私と会ってくれるでしょうか」。

「それでは春日大娘を連れて一緒に行くと良い。これまで王子らは、あの娘を知らなかったでしょうが、ひと目見ただけで可愛く魅力的だから、きっと警戒しないで話に乗ってくるでしょう。あとはお前が誠意をもって説得して下さい」。

「では言われる通りにやって、二人の王子を連れ帰ります。

所で吉備から難波へ戻る前の夜、『ヲホド王』という、私より少し年配の近江毛野軍側の武将と酒を飲んで話しました。彼が今度近江毛野軍に付いて任那への出兵に参加したのは、自分の先祖が任那のホムダワケ王の血を引くと言い伝えられていて、機会があればお役に立ちたかった、と云う。そこでは軽く話を聞くだけでしたが、ホムダワケ王とのつながりが本当なら、これから何か役に立たないかと」。

皇后は身を乗り出して、

「允恭の皇后や私の郷の方にも、ホムダワケ王と血がつながる言伝えがあります。そのヲホド王とも、どこかでつながっているかも知れない。早速身内の年寄りに聞いてみましょう」。

「よろしくお願いします。うまくつながると良いですね。

彼の領国は北側は日本海に面して繁盛した港を持ち、南へひと山越えると淡海があります。淡海の湖水を渡り、淀川への水路を使えば難波へつながり、また淡海の手前で分かれて、伊吹山の麓を回る美濃や尾張への往来が容易で、海と東国を結ぶ交易が盛んのようです。今後の難波の発展にも、きっと役に立つでしょう」。

間もなく金村が連れ戻った二人の王子は、難波の宮殿で人々に混じって暮し始めた。その暮しに慣れた四八五年、兄の弘計王が雄略の娘・春日大娘皇女と結婚し、前から体が弱っていた清寧大王に代わり、『仁賢大王』として即位した。

その頃朝鮮半島では、百済は南下する高句麗と対抗するため新羅と同盟し（『羅済同盟』）、その結果新羅は百済に気を遣うこと無く、隣接する加羅諸国へ侵入できるようになり、任那は加羅側から来る新羅と単独で戦うハメになった。そこで難波・河内国は直接任那に支援兵を送るだけでなく、現在新羅と親密に交易している倭の出雲、九州の筑紫と戦って、間接的に任那を支援する策をとった。

吉備との戦いで得た白猪屯倉と児島屯倉を前進基地として増強するため、蘇我満智の孫で、屯倉の経営に定評のある蘇我稲目《いねめ》が現地へ送られた。彼の調査の結果、出雲筑紫の二国と同時に戦うなら支えられない、自分たちは後の九州との戦の準備に集中したいので、出雲の国とは戦わずに傘下に収めて欲しいと頼まれた。

物部アラカイは出雲を戦わずに配下に収めるという難問に関連して、先の清寧天皇が退位された頃「私は無役になり、難しいことをしないで済む身になった。今後は倭の統一のため、倭の全ての人が同じ心で敬いかつ祈る、そんな『神』を探し求めて行きたい」と、呟いていたことを思い出した。今は人目を避け独り静かに暮らしている白髪王の住まいを訪ねると、王は久しぶりに話の合う友の来訪を喜んで、

「あれから大分経つが後継の仁賢大王は安泰のようだし、皇女も生まれて良かった。まだ皇子の誕生

がないのは残念だが、これは天に任せるしかないだろうね」。

「我々は吉備と戦ってひとまず統合を目で見える形にしました。しかし雄略や円大臣らが一度壊してしまった倭人全体が共有して来た意識を、皆が納得する形に再度作り直さなければなりません」。

「私の体には、父の雄略から倭国を統一する意識と、母の韓媛を通して円大臣の葛城一族につながるヤマト意識の二つが混入しています。だから私には、両者を表面的に組み合わせるだけでなく、皆が心から納得する形に統合して行く責任があります」。

「確かにそこまで行かないと、人々は決して満足しないようです。そこの所を、貴方は今どう考えておられますか」。


「物部のご先祖はかつて、ヤマトで出雲の神とヤマトの三輪神とを融合させる事で苦労されたと聞き、私はヤマトの物部氏にその後の状況を尋ねてみました。

するとと、ヤマトの神、出雲の神、夫々に特別熱心な人は別として、大部分の人は相手の神とその祈りなどと適当に折り合いをつけて、両方共うまく受け入れている、との話でした。

それを聞いて、私はさらに広く押し進めれば、ヤマト、出雲の二国に限らず、倭のどこの国の人にも受け入れられる神が存在できるのではないか、と考えました」。

「えっ、そんな途方もない神が考えられる、と？」。

「倭の人々は、各々が別の国に住んでいても、良く似た風土に育ち、共通する所の多い意識・神を持っていて、毎年決まった時期に自分たちの祖先を敬い神に祈り、その年のみんなの無事と豊かな実りを願っています」。

「そう言われれば、確かにその通りです」。

「だから我々はその年の何時どの様な形式で、祖先や神に祈りを捧げればよいか決めてやるのです。ヤマトの三輪の神は生命の源となる水を敬い、その化身として蛇を尊んでいます。出雲では祖先のスサノオを敬い、その活躍を物語化して神楽で舞い祈りを捧げています。九州の日向では太陽神であるアマテラスを敬い、タカマガハラに集う神人が神意を伺うと聞いています。

これらの言伝えを組合わせて、倭全体がアマテラスを太陽で天上を支配する女神、スサノヲは地上を支配する男神として、天地を支配する二人の神に自分たちの安全とその年の稲の豊作を祈るようにします。二人の神の周りには八百萬《やおよろず》の神々が続き、最後の子孫としてヤマトに送られた大王が倭の諸国を統合して天皇となり、その子孫が将来にわたりこの国に住むすべての人々を慈しみ、安全と安定した暮しをもたらす、と考えます」。

「成るほど、非常に雄大で結構な話なので、細かい所で異を唱えても、大筋で反対するのは難しい」。

「この共通した意識の下で神や祖先を敬い祈り、その意志を伺う神事の場として、これ迄も多くの国々が作っている前方後円墳を使うのです」。

「それでは今度私が出雲の国へ行ったら、『倭のすべての人々も出雲のスサノオを神として祀ることになった。今後は仲良く一緒にやって行こう』と言えば良いのですね」。

「そうです。我々も貴方の説得が上手く行くよう、祈ります」。

物部荒甲は白髪王から聞いた話をみやげに、戦う意思が無いことを示すため、武装してない使者二人を連れて、出雲の国を訪れた。古事記や出雲風土記によれば、出雲の国をヤマトへ譲る件は、次のような話になっている。

須佐之男命《すさのをのみこと》の子大国主神《おおくにぬしのかみ》は、少彦名神《すくなひこな》と共に出雲を豊かで立派な国に作り上げた。豊かになった出雲を天井から見ていた天照大神《あまてらすおおかみ》は出雲が欲しくなり、再三使者を送り、国を奪おうとしたがうまく行かなかった。

最後に遣わされた力自慢の建御雷《たけみかづち》は、出て来た大国主神《おおくにぬしのかみ》の前で、大きな剣を逆さまに立て、剣先に胡坐をかいて座って国譲りを迫った。すると大国主は「私一人では決められない、息子二人に聞いて下さい」と応えた。

息子の事代主《ことしろぬし》は船で漁に出ていると言うのでしばらく待った。やがて帰って来た事代主は「その件は既に聞いています。承知しました」と言って、国譲りを認め、乗ってきた船を引っくり返して柏手を打ち、青柴垣に変えるとその中に隠れてしまった。

その時「ワシの国で、こそこそ話をする奴はけしからん」と言いながら現れたのが、二人目の息子、力の強い建御名方神《たけみなかた》だった。そこでタケミナカタはタケミカヅチに対して出雲の国をかけて、力比べで勝負した。

タケミカヅチの勝ちで、勝敗はあっけなく終わった。負けたタケミナカタは諏訪（長野県）に逃げて行ったが、やがて降参し、今後は決してその地から出ないと約束して許された。


記紀に記載されたこの物語のように、すんなり国譲りが完了したとは考えられない。恐らく出雲方より

・難波朝廷は出雲にスサノヲを祀る巨大な神殿を建てる。
・出雲の頭の地位や身分を永久に保証する。
・出雲の神話および神事に使用する音曲・神楽などの保存発展に協力する。

などの要求が出され、金村やアラカヒら難波方は出雲側の要求を適当に受け入れたのだろう。

こうした地道な交渉によって、難波・河内大王は平和裏に出雲の国を配下に収める事に成功した。

「出雲が河内側に降った」と言う情報は、残るヤマトや九州・筑紫、尾張、東国の諸国への大きな圧力となり、次第に統一に向かう機運が高まって行った。

一四章　ヲホド王による統一ヤマト王朝成立

故雄略帝の遺志を継いだ倭国統一の戦いは、こうして最終段階に入ったが、その大切な時期に、難波王権の中枢となる仁賢大王が病死した。後に残されたのは幼い手白香《たしらか》皇女だけで王子は居ない。差し当たり仁賢の妹・青海王女《あおのひめみこ》が大王位を受け継いだが、急いで後代へ繋がる正式な大王を決めなければならない。

再び四人が集まると、亡き雄略の草香幡杼皇后が

「この前金村に頼まれていた、オホド王の血筋の件が分かりました。義母の忍坂大中姫が、オホサザキの末の息子・允恭と一緒になる話が出たとき、自分の親から聞いた家系の話を思い出してくれました。

「こちらの意向を聞きに来た使者が、私を主流の葛城氏系統から外れた田舎の小娘と、如何にも小馬鹿にした態度で本当に悔しかったと訴えると、我家は今の王家の祖・ホムダワケにつながる貴い家系だ、そんな小者の態度を気にしないで自分の思うように進めなさい、と諭されました。

それで、允恭が大王の地位に就くことに躊躇された時も、私の方から是非受けるようにと勧めたのです」。

そこで再び大伴金村はヲホド大王を説得する役を引き受けた。

ヲホド王と二人で酒を飲んでから十年以上経ち、彼の越の国は淀川水運を介して難波につながり、陸路尾張や遠方の東国とも着実に交易を増やして、難波にとっても重要さが増している。また越の国は先代から続けてきた九頭竜川（福井県北部の大河）の洪水対策で広い良田が生まれ、多くの兵を養えるようになった。ここで彼を味方につければ、我々がヤマト連盟を攻めるのが非常に有利になる。彼は苦労人で柔軟な考えをする男だから、今の倭がゴタゴタしている状況を乗り越え、青海女王から大王位を引き継いで安定した国を作ってくれるだろう。そう考えて金村は越のヲホド王に重大な密書を送った。

ヲホド王は大伴金村の使いが大切に携えて来た密書を見てビックリした。密書にあった金村の提案とは、

・ヲホド王をホムダワケ王の五代の子孫として難波王に、さらに将来は統一した倭の大王としたい。
・越の王の仕事は後継者に譲り、早急に難波に来て大王に相応しい后を迎え、倭全体を統一した王朝を作って欲しい。

驚いたヲホド王は昔から親しい仲で、難波・河内の宮廷の内部事情にも通じている河内馬飼首荒籠《かわちのうまかいのおびとあらこ》を呼び、金村のねらいと本気度を探らせた。やがて帰って来た荒籠は、

「難波の宮廷ではワカタケル王を継いだ王が次々に亡くなったので、今は応急的に青海女王を立て、その裏で大伴金村は次の王探しを任されています。

彼は昔から大王家に仕える武門の長、この密書に書かれたことは、決していい加減では無いでしょう」。

「分かった。それでお前はこの提案を受ける方が良いと思うか」と尋ねると、

荒籠は即座に「受けた方が良いでしょう」と答えた。

「何故そう思うのか」。

「こんな厄介な大王探し役を懸命にやるのは難波の金村氏くらいですよ、ヤマトにはこんな面倒なことに骨折る人間は居ません。みんな昔からの生活に慣れて、自ら地に大きな古墳を作り平穏な一生を過ごしています。

上の人間はそれで満足かも知れませんが、私たち貧乏人には厳しい日々が一生続きます。

そんな暮らしが嫌で、私はヤマトから河内に逃げて来ました。

河内には広い野原があり、あちこち見たことも無い大きな生き物が、黙って草を食べていました、それが馬です。

私が毎日馬を見ていると、そこの主が『そんなに馬が好きなら、ここで働かないか』と言ってくれました。その日から私は夢中で馬の世話をし、やがて馬に乗り馬具作りもやるようになりました。

私の腕を見込んで倭の各国からやってくる客人も増えて来ました。私がここで越の王の貴方と気軽に話が出来るのも河内へ来たからで、私のヤマトを出る選択は正しかったと思います。

しかし私と貴方とは立場が違います、私は私の立場でしか考えられません」。

荒籠が熱心に勧めても、既に人生の半ばを過ぎたヲホド王には、この話はずい分荷が重いし冒険でもあった。

しばらく考えた末、迷いを振り切ろうと直接難波の宮殿に出頭した。久しぶりに会った金村氏に自分の事情を説明し、辞退したいと申し出た。

しかし、金村の他、物部荒甲や最後には故ワカタケル大王の后、老齢の草香幡梭姫まで出て来て、提案を受けるよう説得された。要するにこう言う事である。

二十年程前、金村らが連れ戻した意計王は、ワカタケルの息女を后に迎えて仁賢大王として即位した。仁賢は大王位になってからも病気がちでつい先頃亡くなり、後に残されたのは手白川皇女だけになった。その皇女と結婚して統一王朝作りの中心になってほしい。

統一王朝が成立したら、二人の間に生まれた皇子が次の大王になる。

既にヲホド王が尾張で世帯を持つ妻との間の男児は新王朝の大王位には就けないが、娘の方は新王朝のだれか、弟君などの后とするのは妨げない。

今の王朝の苦しい状況と引き受ける時の条件をこう具体的に示して頼まれると、ヲホド王としては断れなくなった。結局出された条件を認めて、まずヤマトと戦って統一王朝を作り、そこの大王を目指すことに同意した。

五〇七年、ヲホド王は先の同意に沿って慣れ親しんだ越の国に別れを告げ、難波の大王になった。差し当たり旧知の河内馬飼首荒籠の世話で、河内の樟葉（大阪府枚方市）に居を構えた。ここは淀川の『久須波の渡り』という渡し場に近い交通の要地で、少し上流にはオホサザキ大王の頃から仕えていた熊鰐の息子不弥が拠点とする『宇治』があり、両者が連携してヤマトを攻めるのに好適だった。これに向き合う奈良盆地の東北部には、和珥氏がヤマト連盟の北の守りと頼りにされていたが、雄略朝で執政官を務めていた和珥氏には本心で難波と戦う気はない。

大伴金村は次の攻略対象とするヤマト連盟に対して、出雲と同様、多少時間をかけても良いから、武力を使わずに（深刻な恨みを残さずに）統一しようと考えた。

出雲の場合、彼らが好きな神話に沿うやり方で納得して貰ったが、ヤマトをどう攻めるかと考えた時、やはり先日亡くなった白髪王の話の延長上で、「天の神はアマテラス、地の神はスサノオ、二神が力を合わせて作った倭の国に生まれた神の子・神倭伊波礼毘古命《かむやまといわれびこのみこと》が神武天皇となり、人々は天皇を敬い慕いながらこの国を作り上げて来た」と言う話で説得することにした。

生涯、自らは子を生すことを拒んだ白髪王が、男女二神の結合で生まれた子孫として大王を権威づけたのは皮肉のようでも、そこに人間を越えた神の力が付加されると考えたのだろう。

わが難波・河内の大王の祖先を辿ってもせいぜい応神や仁徳の数代先までで、とても神武天皇までつなぐことは出来ない。我々が昔から倭の地を治めて来たと言い張るより、古来このヤマトの地に住むヤマトの祖先神を難波の応神や仁徳が引き継いだ、と言う方が倭諸国の人々にも受け入れ易いだろう。つまり、倭の国々はすべてアマテラスとスサノオの二神を受け継ぐ形で誕生し、ヤマトの大王が代表してこの地を治めて来た。ここで我々難波・河内の王朝がヤマト王朝を発展的に引き継いで、ヤマトの地に移りヤマトの人々と共に統一ヤマト王朝を始める。

両勢力が結合する証として、難波・河内のヲホド大王がヤマトで由緒のある葛城氏の血を引く仁賢天皇の娘手白香《たしらか》を后に迎え、いずれその間に生まれる男子を統一ヤマト王朝の皇太子とする。

大伴金村は少し複雑なこの理屈で、統一ヤマト王朝の設立に懐疑的なヤマト連盟の国々を説得した。

そもそもヤマト王朝はヤマト湖畔で自然に生まれた有志連合で、洪水対策を兼ねた湖の干拓に大功あった三輪氏を中心に、百年以上前から大王位を世襲して来た。大王と云っても多分に名誉職的なものであり、大伴金村の統一構想に強く反対するほどの根拠に乏しく、また格別の権威や強制力を持たなかったので、こゝで反難波・河内の指令を出してもヤマト側の勢力をまとめる力はなかった。

ヤマト連盟の北西地方、山城川近辺を領する豪族・和珥氏は、漠然と淀川を上って来る難波・河内軍に対抗する事を期待されていた。しかし三輪氏から直接明確な指示が来ない内に、難波の大伴金村軍と近江毛野軍が押し寄せて来ると、大した戦いをしない内に金村方に降った。早々にヤマト連盟諸国の足並みが乱れ、その結果大伴金村の提案に沿う形で統一ヤマト王朝の発足を受け入れた。

旧ヤマト王朝の不満が結集しないよう、和珥氏や平群氏など、周辺地域でこれまで日が当たらなかった豪族たちには新王朝の然るべき役職が与えられ、従来大王を多く輩出して来た三輪氏などヤマト中央部の有力豪族たちには、彼らの祖先を初代の神武天皇以降の旧王朝系列のどこかの大王の縁に組み込む形で、余り権力を伴わない名誉職が与えられた。

雄略崩御後、後事を託された大伴・物部らのこうした努力で当面の敵、吉備に続いて出雲を傘下に収め、その後を受けたヲホド大王は厄介な身内ヤマト連盟との戦いを乗り切ったので、まだ遠方の筑紫や東国との戦を残しつつも、ひとまず念願の倭国統一の目途が立った。

そこでヲホド大王は五二六年九月、都を難波から古の神武天皇が即位したとされる地・橿原《かしはら》に近い磐余《いわれ》に移して、名実共に統一王朝としての体制を整えた。この時から「統一ヤマト王朝」が始まったとし、大王を正式に「天皇（すめらみこと）」と呼ぶようになった。

「ヤマト」の国を合併した倭は国名を「大倭」とするより読み方が通じる好字の「大和」を採用し、これを「やまと」と読むことで「ヤマト」側の不満の解消を計った。

ヲホド大王改め継体天皇は、即位後直ちにヤマトの『国見』を行った。国見ではヤマトの高所に上り、その地を見渡しつつ「大和の国は素晴らしい」と詠い、言霊の力で大自然の神々に語り掛け、実際そのような国になることを祈る。

天皇、香具山《かぐやま》に登りて望国《くにみ》しましし時の、御製の歌　（万葉集　巻一の二）
大和《やまと》には　群山《むら》あれど　とりよろふ　天《あめ》の香具山
登り立ち　国見をすれば
国原《くにはら》は　煙《けぶり》立ち立つ　海原《うなはら》は　かもめ立ち立つ
うまし国ぞ　あきづ島　大和の国は

注：群山：多くの山、とりよろふ：とりわけ、
あきづ島：日本の古称（列島の形がとんぼの古称「あきづ」に似る）

五二七年十一月筑紫の君磐井《きみいわい》は、突然難波・河内の大軍が迫って来たという情報を受けて非常に驚き慌てた。最初は難波・河内側の大将は軍人の大伴金村と聞き戦う準備を進めたが、大将が文人派の物部荒甲に代わったというので戦争より交渉を選ぶと見て対応を進めて来た。

しかし突然、難波の大軍が隣国まで迫って来たと聞き、息子たちには抗戦の準備を急がせながら何とも割り切れない気持ちになっていた。先年百済の君を本国へ送るためと無理やり護衛を申し渡され、自

分は全九州から集めた兵五百の先頭に立たされた。然るに同行すると言われていた近江毛野軍の兵は急に居なくなり、九州五百の兵だけで百済の君を護送し、そのまま百済に滞在して新王を護る役目を任された。

即位した東城王には護衛兵が半減した倭の代表として散々嫌味を言われたが、黙って我慢するしかなかった。そのとき近江毛野軍を率いていたヲホド王が今は難波の大王になり、我々を敵として攻めて来るという。

和戦と見たので明らかに準備不足だが、とに角自分は前に出て難波方と徹底的に戦うしか無い。適当な所で何とか和戦に持ち込んで息子たちや他の九州の王には将来につながる形で終わりたい。

こう考えた筑紫の磐井は瀬戸内海に面する北九州先端の城に移り、難波の遠征軍を迎え討つため急いで古参の兵士たちを集めしっかりと城を固めた。最後の戦いを挑むという磐井の気持ちが九州各地に伝わると予想以上に多くの兵が加わったので、難波の遠征軍は船から降りると早々に激しい戦を強いられた。しかし、吉備の児島屯倉に集結していた遠征軍が次々に押し寄せて来たので、耐え切れなくなった磐井はその城を捨て海伝いに豊の国の方へ逃げ最後まで執拗に戦った。磐井は遠征軍を散々消耗させてから、見事に消えてしまった。

予想以上に戦いが長引き遠征軍の士気が低下した時を狙って、磐井の息子葛子《くずこ》からこの辺で停戦し糟谷《かすや》（福岡県の郡名）の地を屯倉として献上したい、と申し出た。大将の物部荒甲は糟谷の他に数か所屯倉を追加すれば葛子の死罪を免じると応じて、そこで双方は戦を終えた。やがて会談があり、難波は豊や肥の国にも数か所の屯倉を追加させると共に、筑紫には輸送の便の良い博多湾岸の那に、朝鮮へ送る兵糧米用の倉庫『那津官家《なのつのみやけ》』を作らせた。

この戦いが始まる直前に、大伴金村は筑紫君磐井との戦で筑紫へ行く予定を変更して、朝鮮・百済に向かった。

任那より百済の武寧王が無理を言って来てこちらでは対応できない、至急難波から交渉者を送って欲しいと依頼があった。武寧王は、倭の人質になっていた父が東城王となり間もなく暗殺されてから、幾多の政敵を破って即位し、一時は高句麗に奪われた百済の故漢城を回復して意気を上げ、倭の説得も聞かず自由に兵を動かすようになった。勢いに任せて無理な戦いを続けた挙句、五三八年高句麗に切り返されて、仮都・熊津から更に南の泗沘《しひ》(扶余《ふよ》)へ避難して再建中だった。

武寧王の要求は新都扶余に近い南に広がる任那の栄山湖周辺の地を食料や兵などの供給源としたい、相応の年貢を払うので百済に譲って欲しいと言うもの。

これまでの活動が倭国内だけの継体天皇には、このような問題に対応できないので、筑紫との戦いに向かっていた大伴金村を急遽呼び寄せて、交渉の全権を任せて朝鮮半島へ送り出した。

雄略大王の時代から朝鮮に関わって来た金村にとっても、この十余年間の朝鮮半島の情勢の変化は大きかった。最近倭諸国でも製鉄技術はかなり進み、国によっては任那の鉄鋌には頼らず、従って難波が朝鮮半島への派兵を呼びかけても応じないので、支援兵の数はかなり減っていた。また一度滅亡してからの百済は、短期決戦で一挙に挽回する無謀な夢に取りつかれて、国作りの基本を忘れ作戦の内容など殆ど倭へ相談しないで勝手に兵を動かすので、倭の諸国には遠方から支援を送る意欲がなくなっていた。

百済で交渉を始めた大伴金村の心配は、倭が栄山湖周辺の領土を割譲するにしても、百済は果たしてその代りの巨額な年貢を倭へ払い続けられか……。そこを念押しすると、「百済は数百年と続く朝鮮随一の大国であり、これまでも倭との同盟を誠実に維持してきた。この件も是非信用して頂きたい」、と武寧王に頭を下げられ金村には引き下がるしかなかった。

武寧王には密かな成算があった。

最近倭でも仏教の信仰が盛んになり、先進の百済へ僧侶の派遣や仏典の送付依頼が多く寄せられるようになった。これまで百済が中国からそれらを導入する時は、国庫から相応の対価を支払った。今後は百済が倭に相応の対価を要求し、倭へ払う年貢の大半が仏教関係の対価で相殺されるようにしたい。

我々の思惑通り倭で仏教が盛んになれば、仏典だけでなく僧の派遣や仏像や仏教寺院まで欲しがるだろう。さし当り百済は寺院の写経生に倭が欲しがる多くの仏典を写して送らせる。また仏像や仏画なども同じように作って送る。そうすれば倭に尊敬され喜ばれると共に、百済から倭へ払う年貢の出費を大幅に減らせるだろう。

この交渉成立を祝して百済から倭へ派遣された五経博士や高僧たちは、倭の大王や高位の人々に仏教のすばらしさを説いて回った。

『仏教は、あらゆる教えの中で最もすぐれたものです。その教えは難しく、とりつきにくいものですが、真の悟りを導くものです。今や仏教は、遠くインドから中国、朝鮮まで広まっています。このすばらしい御仏の教えを、ぜひ日本でも広めていただきたいと思います』。

武寧王は割譲された土地から入る巨額の収入を、仏教普及のためとして、扶余の地に壮大な仏教寺院を次々に建立し、中国南朝の遊惰な風に染まった生活と己の豪華な墳墓の建造に費やした。こうして国を再建する最後の機会を生かさなかった百済の退勢は、ますます急に滅亡への道を転がり落ちて行った。

五二三年百済の武寧王の死に続いて継体天皇が亡くなると、倭の朝廷では大伴金村の朝鮮での交渉の失敗を追及する声が大きく上がった。その結果、継体天皇を擁して統一大和王朝を確立する大功のあった大伴金村だけでなく、大伴一族の全てがその地位を奪われ追放された。

倭の多くの人々は長年にわたって血と涙で維持してきた朝鮮の地が、いつの間にか無くなったことを始めて知ると激しく非難し、怒りの矛先は大伴一族の追放だけでは治まらず、残る二人の大連、物部氏、蘇我氏にも向けられた。物部氏は、百済への仏教関係の出費が過大なのは窓口の蘇我氏の責任だと主張し、他方蘇我氏は物部氏の管轄する前方後円墳の建設や維持に比べ仏教関係の費用は少ないと言って追及を逃れようとした。

こうして、朝鮮半島の倭の権益損失の責任追及に始まった論争は、やがて統一されたヤマト王朝の推す宗教を物部氏の旧来宗教とするか、蘇我氏の推す仏教とするか、という宗教戦争に発展して益々複雑化、深刻化して行った。

二派による宗教戦争は、最終的には継体天皇に続く新王朝の王族に多くの婦女子を送り込んだ蘇我稲目の作戦勝ちという形で、仏教の国教化が進められた。武寧王の次の聖王が五五二年、継体の嗣子・欽明天皇に使者を送り、仏像一体、錦幡、経典などを伝えた時を『仏教公伝』とすることで決着した。

なお聖武天皇による奈良東大寺大仏の開眼式は、仏教公伝後二〇〇年を記念して七五二年に行われた。

あとがき

ホムダワケ（後の十六代応神天皇）が海を渡って、直接倭国で働いたのはわずか二年半ほどだった。その間に彼が具体化した功績は殆ど無かったが、ヤマトの各地に散在する倭族の人々の意識を、統一した倭国の成立に向けて大きく前進させることに成功した。彼の意図はオホサザキ（後の十七代仁徳天皇）やその子や孫たちに引き継がれて実現し、やがてヤマト統一王朝の実現に至った。

短期間の働きで、人々の目で見える事跡を上げられなかったホムダワケは、やがて人々から忘れられるかと思われたが、民間のうわさや伝承を通して意外な形で生き続けることになった。

はじめは瀬戸の内海を主とした海運や船人の間で、航海の安全と発展を守る「住吉神社」の守り神として、従来の伝説上の神と並んで初めての人間の神として登場した。

やがて戦いの神としてのホムダワケ・応神天皇のイメージがこれに重ねられ、仁徳の孫に当たるワカタケル（後の二十一代雄略天皇）が西へ東へと戦いを進めるとき、王権の正当性を主張するためそのイメージを拡大・定着させ、多くの旗印で飾られた「八幡神社」が全国各地に作られるようになり、千年以上に渡り、今日まで発展し続けている。

筆者にも、本書がどういう結末を迎えるか分からない初校の段階から目を通して、色々ご意見を寄せて頂いた学友乾和夫氏と佐々木敏明氏、物語の展開上貴重なコメントを寄せて下さった会社員時代の上司中山眞氏、及び九州大学名誉教授丸山雍成氏、福岡大学元教授武末純一氏に心から感謝を申し上げます。

また、本書をこのような形で短期間に具体化してくれた二三一世紀アート社、出版企画部の大石幸香氏、校正とデザイン担当の方々に感謝します。

著者略歴

八木　喬（やぎ・たかし）

１９３９年　新潟市生まれ
１９５８年　新潟高校卒
１９６４年　東北大学工学部電子工学専攻修士課程修了　同年　㈱安川電機入社
２００２年　退職
２０１５年　「大伴家持と万葉の歌魂《うたたま》」を揺歌書房より出版

応神・海神《わたつみ》族による倭国の統一

2024年1月31日発行　著　者　八　木　喬
発行者　海野有見

発行所　株式会社 22 世紀アート
〒103-0007
東京都中央区日本橋浜町 3-23-1-5F
電話　03-5941-9774
Email: info@22art.net　ホームページ：www.22art.net

発売元　株式会社日興企画
〒104-0032
東京都中央区八丁堀 4-11-10 第 2SS ビル 6F
電話　03-6262-8127
Email: support@nikko-kikaku.com
ホームページ：https://nikko-kikaku.com/

印刷
製本　株式会社 PUBFUN

ISBN：978-4-88877-279-2